Elogios para *Corazón migrante*

Corazón migrante es justo el libro que necesitaba en estos tiempos tumultuosos. Estos ensayos deberían enseñarse en todo el país. Con una prosa aguda y vibrante, Reyna nos cuenta de manera impecable sus historias de supervivencia y prosperidad como mujer morena en Estados Unidos. Este es un libro al que volveré una y otra vez.

—ERIKA SANCHEZ, autora bestseller de *Yo no soy tu perfecta hija mexicana* y *Llorando en el baño*

Reyna Grande desnuda su corazón migrante en estos fascinantes ensayos. Desde su infancia empobrecida hasta la eliminación de una plaga de babosas en su jardín, las sinceras palabras de Grande son ese bálsamo suave que nuestra comunidad necesita. *Corazón migrante* es una lectura obligatoria para todos los que alguna vez han sufrido, han amado, y han necesitado romper ciclos de trauma.

—JAVIER ZAMORA, autor bestseller de *Solito*

Con corazón, ímpetu y su característica franqueza, Reyna Grande, tan cálida como el sol, escribe sobre la escritura, la memoria, los 43 de Ayotzinapa, las crueldades de la frontera, la menopausia, el sexo de las babosas, y las abejas reinas. Me encanta la manera en la que Reyna ve el mundo. Estos ensayos tienen un corazón inmenso.

—INGRID ROJAS CONTRERAS, finalista del Premio Pulitzer y autora de *El hombre que movía las nubes*

La latinidad no es un monolito y estas historias lo reflejan. Nuestras historias están arraigadas en la búsqueda de nuestras voces, en nuestro esfuerzo por recuperar nuestras raíces tras la dolorosa ruptura creada al migrar desde tan jóvenes, y en la perseverancia. Lloré, con el pecho apretado, al sentir los anhelos de Reyna como si fueran míos. Una lectura realmente profunda.

—PRISCA DORCAS MOJICA RODRÍGUEZ, autora bestseller de *Para chicas fuertes de corazón tierno y piel canela*

Corazón migrante es una hermosa y fascinante novela, llena de momentos inesperados que te inquietarán, te enfurecerán, te reconfortarán y, si se lo permites, te sanarán. Y aunque en muchos de estos ensayos se percibe una profunda oscuridad —de la naturaleza humana, de la vida y de nuestro país—, al final el amor los ilumina.

—XÓCHITL GONZÁLEZ, finalista del Premio Pulitzer
y autora bestseller de *Olga muere soñando*

Reyna Grande es una voz singular, honesta en su escritura y generosa en su humanidad. En esta nueva colección de ensayos, la autora sostiene el dolor y la pena junto a la transformación, la resiliencia y una constante búsqueda de la alegría conseguida con mucho esfuerzo. Con claridad, Grande nos muestra que la vida casi nunca se trata de una sola cosa a la vez, y que vivir plenamente significa abrazar las contradicciones incluso cuando sea doloroso.

—JULISSA ARCE RAYA, autora bestseller de *You Sound Like a White Girl*

Tierna, poderosa y extremadamente valiente, esta novela explora la violencia y el dolor en familias y en sistemas, y encuentra un refugio en el camino… Cuando digo que estoy obsesionada, lo digo en el mejor de los sentidos.

—CATHERINE NEWMAN, autora bestseller de *Sandwich* y *Wreck*

REYNA GRANDE

Reyna Grande es una autora galardonada, oradora motivacional y maestra de escritura creativa. Siendo niña cruzó la frontera entre México y Estados Unidos para unirse a su familia en Los Ángeles, un viaje desgarrador documentado en *La distancia entre nosotros,* finalista del Premio del Círculo Nacional de Críticos del Libro. Sus otras publicaciones incluyen las novelas *Corrido de amor y gloria, A través de cien montañas* y *Dancing with Butterflies*; las memorias *La distancia entre nosotros: versión juvenil* y *La búsqueda de un sueño*, y la antología *Donde somos humanos: historias genuinas sobre migración, sobrevivencia y renaceres*. Vive en Woodland, California, con su esposo, su hijo y su hija. Visita ReynaGrande.com para más información.

También de Reyna Grande

Ficción

A través de cien montañas

Dancing with Butterflies

Corrido de amor y gloria

No ficción

La distancia entre nosotros

La distancia entre nosotros (versión juvenil)

La búsqueda de un sueño

Spare Parts (Young Readers' Edition): The True Story of Four Undocumented Teenagers, One Ugly Robot, and an Impossible Dream, por Joshua Davis, adaptado por Reyna Grande

Antologías

Donde somos humanos: historias genuinas sobre migración, sobrevivencia y renaceres

Corazón migrante

Corazón migrante

Ensayos sobre lo que no puedo olvidar

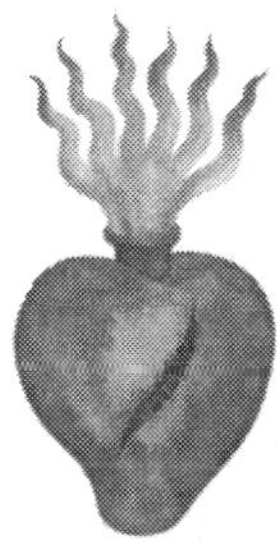

REYNA GRANDE

Traducción de María Laura Paz Abasolo

VINTAGE ESPAÑOL

Penguin Random House Grupo Editorial

Título original: *Migrant Heart: Essays About Things I Can't Forget*

Primera edición: mayo de 2026

Publicado por Vintage Español®, marca registrada de
Penguin Random House Grupo Editorial USA, LLC
8950 SW 74th Court, Suite 2010
Miami, FL 33156

Traducción: María Laura Paz Abasolo

Fotografías de interiores: Cortesía de Reyna Grande

Impreso en Colombia / *Printed in Colombia*

Información de catalogación de publicaciones disponible
en la Biblioteca del Congreso de los Estados Unidos

ISBN: 979-8-89098-287-2

Para Aidan.
Por siempre en nuestro corazón.

Me pregunto si la memoria es diferente para los migrantes,
para personas que dejan tanto de sí atrás.
La memoria no es algo que florece,
sino algo que sangra internamente,
algo que debe detenerse.

—Victoria Chang, *Dear Memory*

Juntos nos acercamos a una tumba de recuerdos.
La abrimos y liberamos lo que lleva demasiado
tiempo bajo tierra: la terrible desesperanza,
la ira destructiva. Nos duele, sufrimos, lloramos.
Y luego vemos lo que subsiste: las esperanzas,
despedazadas, pero aún ahí.

—Amy Tan, *En contra del destino*

Querido lector y querida lectora:

Si caminaste a mi lado a través de *La distancia entre nosotros* y *La búsqueda de un sueño*, ya conoces la historia de una niña inmigrante mexicana que arriesgó todo por una vida mejor. Viste a mi familia fracturada por la frontera entre México y Estados Unidos, y me diste ánimos mientras luchaba por tener una educación universitaria y reclamar mi voz como escritora.

Si mi obra es nueva para ti, te doy la bienvenida. *Corazón migrante: Ensayos sobre lo que no puedo olvidar* es quizás la ventana más cruda y más honesta hacia mi vida como mujer inmigrante y escritora hasta el momento. Más que la frontera que dejé atrás, lo que define mi vida es ese esfuerzo constante por sanar los vacíos que llevo dentro.

Esta colección de ensayos es el resultado de un largo proceso de unir los trozos dispersos de mi vida, los recuerdos, las heridas y los momentos serenos de triunfo que me han moldeado. A través de estas reflexiones, el libro traza una vida vivida y constantemente revisada entre dos mundos. Desde las duras calles de mi ciudad natal mexicana y las tierras fronterizas del desierto donde me detuvieron, hasta la quietud de mi jardín y los espacios más íntimos de mi corazón, esta colección enfrenta las alegrías y los retos de la maternidad, las exigencias de una carrera como escritora, las heridas del colonialismo, las lecciones de mi frágil vista y la carga de representar a un país que a menudo premia la distorsión por encima de la verdad.

Ofrezco mi historia —en toda su complejidad, su vergüenza y su fiero amor— con la esperanza de que te ayude a nombrar, enfrentar y finalmente sanar las más profundas heridas de tu propia vida. Espero que al compartir estas verdades tan íntimas, brinde un espacio de reconocimiento para tu propia historia. He aprendido que sanar no es cuestión de olvidar, sino de enfrentar lo que necesita ser dicho.

Al continuar honrando las cicatrices que me han hecho ser quien soy, te invito a dar vuelta a la página y empezar tu propio viaje conmigo.

Gracias por permitirme compartir contigo mi corazón migrante.

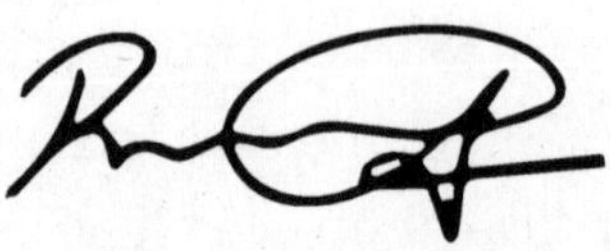

REYNA GRANDE

Índice

La reina de la miseria

Para que algo quede en la memoria, debe grabarse con fuego: solo aquello que nunca deja de doler permanece en la memoria... Notamos la cicatriz, no la piel.

—VIET THANH NGUYEN[1]

Cory y Reyna, 2007

Cuando *La distancia entre nosotros* se publicó en 2012, una amiga sugirió que mi editora incluyera una caja de pañuelos desechables con cada compra.

—Eres la reina de la miseria —declaró—. Lloré de principio a fin.

Mi amiga lo dijo como un cumplido: que yo había transformado el sufrimiento de mi niñez en un arte hermoso, y se sentía conmovida. Aun así, me disculpé por hacerla llorar y confesé que mi escritura emana de un lugar oscuro, de una angustia potente. Mi herida más profunda. No sé escribir de otra manera.

Tal vez por eso el consejo de mi madrina literaria, Sandra Cisneros, que es mi favorito, es escribir sobre las cosas que quisiéramos olvidar. Aun antes de conocerla, seguí el consejo de Sandra. Como una joven escritora, todo se trataba de las cosas que me gustaría poder olvidar. No fue difícil. Casi no había otra cosa en mi vida. Los recuerdos felices eran escasos.

Al escribir *La distancia…*, me preocupaba que a los lectores les pareciera demasiado deprimente. Busqué desesperadamente recuerdos felices. No tuve suerte. Mi memoria estaba casi vacía de alegría. Incluso les llamé a mis hermanos, rogándoles: "¿Algún recuerdo feliz que me puedan prestar para mi libro?". Mi hermana mayor, Mago, tenía el mismo problema. Declaró sin dudar, "No tengo recuerdos felices". Al final, logramos armar una lista pequeña: las posadas en México, ver el mar por primera vez, jugar en el parque mientras nuestro padre hacía carne asada, Disneylandia, mi primera y única Barbie, mis quince años.

Unos años después trabajé en la secuela, *La búsqueda de un sueño*, donde escribí sobre aún más cosas que deseaba olvidar. De nueva cuenta, me costó trabajo recordar momentos felices, y ese libro resultó tan sombrío como el primero. Me preocupaba abrumar al lector con más "miseria". Y de hecho, una de las editoras de ese libro sugirió que quitara el último capítulo, el de mi boda. En sus comentarios escribió: *Creo que puedes cortar la boda… Es deprimente. Sé que pasó, y es triste y horrible, pero como lectora, y porque me importa este libro, no creo que lo necesitemos… Quiero que el libro cierre con un tono positivo.*

Por lo general, los libros y las películas que acaban con una boda son todo lo contrario a algo deprimente: son superalegres. Le dan ese toque romántico y un final feliz para que el lector o espectador quede satisfecho. Yo quería que mi libro tuviera un final feliz. Al estructurar la historia, mi boda parecía el final perfecto. Pero de nueva cuenta, mi cerebro lo torció, convirtiéndolo en otro de esos momentos *que quisiera poder olvidar*.

Hasta a mi esposo le molestó cómo representé nuestra boda, y me dijo:

—No arruines uno de los días más felices de mi vida.

Así que quité la escena.

La forma en que mi mente guardó el recuerdo de nuestra boda era algo común en mí. En lugar de recordar la alegría, conservé los momentos negativos con una claridad y un nivel de detalle impresionantes, empujando todo lo bueno hacia la bruma. En otras palabras, mi mente tomó un momento feliz y lo volvió doloroso. Como escribe Viet Thanh Nguyen en *A Man of Two Faces*: "Es más fácil recordar la depravación que la alegría. Una quema. La otra se desvanece".[2]

Específicamente, lo que quedó *grabado a fuego* en mi mente fue la tristeza y la decepción que experimenté cuando, al estarnos preparando para la ceremonia, mi padre, como siempre, arruinó todo. Estuvo caminando de un lado para otro durante una hora, mirando el reloj.

—¿Cuándo va a empezar esta boda? Se está haciendo tarde. Le prometí a mi pastor que hoy cortaría el pasto y arreglaría lo que hiciera falta en la iglesia.

Para ese entonces, mi padre ya no bebía, pero había enfocado su naturaleza adictiva en la religión. Se volvió adventista del Séptimo Día y se la pasaba todo el tiempo en la iglesia. Nunca venía a los cumpleaños de nuestros hijos ni celebraba los días festivos con nosotros porque su nueva religión no permitía esa clase de celebraciones o simplemente prefería estar en el templo. Mis hermanos y yo nos habíamos dado casi por vencidos de llegar a tener una relación con él; habíamos aprendido a aceptar su ausencia en nuestra vida. Pero *este* día era diferente.

—Es mi boda —le dije.

Miró por la ventana el sol de la tarde, midiendo cuánta luz quedaba.

—Dijiste que la ceremonia duraría media hora —dijo.

—¡Es mi boda! —repetí—. Eso quiere decir que habrá cena, baile, pastel… ¡el pastel que tú me compraste! Se supone que vas a bailar conmigo. Eres el papá de la novia, ¿no?

—Le prometí a mi pastor —dijo de nuevo y salió del cuarto.

Mi hermana me pasó un pañuelo desechable para secarme los ojos, intentando que las lágrimas no arruinaran mi maquillaje.

—No le hagas caso, nena —dijo Mago mientras seguía peinándome—. Si se quiere ir, que se vaya. Ya sabes cómo es.

Cuando al fin nos reunimos en el jardín para empezar la ceremonia, pensé que mi papá ya se había ido y yo tendría que caminar sola por el pasillo. Mi madrastra me aseguró que seguía por ahí. Lo encontró de malas en un rincón y le dijo que ya íbamos a empezar. Los mariachis se pusieron en sus lugares al frente de la procesión. Yo me coloqué al final y mi padre junto a mí. Lo tomé del brazo y no le dije una palabra, ni él a mí. *Tan pronto como me entregue con el amor de mi vida*, me dije, *que se vaya, no me importa*.

Hay que reconocerle que se quedó para bailar el vals conmigo, y luego se fue.

Mi capítulo continuaba con otras cosas negativas que pasaron en la boda. Dado que nuestro presupuesto era limitado, hicimos la boda un viernes en la noche para reducir costos y los invitados llegaron tarde, rendidos después de lidiar con el tráfico de la hora pico. Luego comieron tanto de la cena buffet, que casi nadie probó el hermoso pastel. Y yo me sentí fatal, sabiendo que mi papá había gastado el sueldo de casi una semana en ese pastel.

Hacia el final de la noche, mi esposo tuvo que dejar de bailar conmigo para ayudar al padrino a pasarle corriente a su carro. Luego vino lo de mi amiga de la universidad. Perdió el vuelo. No llegó a la ceremonia. Y no tenía cuarto de hotel ni dónde quedarse. Acabó quedándose en nuestra habitación, con mi esposo y conmigo. ¡En nuestra noche de bodas!*

¡Qué bueno que quitamos ese capítulo de *La búsqueda de un sueño*! Mi editora tenía razón. Era totalmente deprimente. Pero algo se quedó conmigo: una noción, o más bien, una confirmación. No solo recuerdo lo malo con más facilidad, pero hasta las experiencias positivas se corrompen en mi cerebro. Se dañan. Cuando las recuerdo, ya no son iguales. No tengo ninguna dificultad para seguir el consejo de creación literaria de Sandra Cisneros. Hacer lo opuesto es lo que cuesta trabajo. Sería todo un reto escribir de cosas que me dan alegría.

Últimamente, he estado leyendo sobre la memoria. Cómo podemos cambiarla, darle un nuevo enfoque. No se trata de mentir, sino de encontrar una perspectiva distinta. Me encantaría recordar de la forma en que lo define el *Diccionario Cambridge*: "hablar o escribir sobre experiencias pasadas que recuerdas con placer". No con dolor, tristeza ni amargura, como lo suelo hacer yo. Sino con placer, y también con gratitud.

Según los investigadores, recordar momentos felices es una buena estrategia para lidiar con el estrés. Disminuye los niveles de cortisol y nos mejora el estado de ánimo, contribuyendo a nuestro bienestar en general. Suena encantador de verdad, pero para algunos es difícil.

Me enteré de que la gente con depresión muchas veces se queda atorada en recuerdos negativos. Mi amiga tenía razón. ¡Soy la reina

* Lo bueno es que teníamos dos camas matrimoniales.

de la miseria! Aunque nunca he recibido un diagnóstico clínico, sé que batallo mucho con una tristeza profunda que seguido intento ignorar. Me encuentro en un estado constante de angustia y remordimiento. Esta rumiación, este incesante repaso de la negatividad, alimenta la sombra de mi ansiedad. Se roba mi alegría, dificulta que me sienta feliz o que aprecie lo que tengo. Mi visión de la vida es en definitiva de un "vaso medio vacío", lo cual me vuelve en exceso crítica de todos y de todo, en especial de mí misma.

Mi depresión no está tan mal que sienta la necesidad de tomar un medicamento, pero siempre está ahí, suspendida, esperando, como un Dementor de *Harry Potter*, listo para succionar la felicidad en cualquier momento. No soy suicida, pero he tenido pensamientos oscuros, esos que murmuran *si me muriera hoy, no me importaría*.

Uno escribe de una sola cosa nada más: la experiencia.
Todo depende de cuán incesantemente le saquemos
hasta la última gota a esa experiencia,
sea dulce o amarga, de lo que pueda dar.

—JAMES BALDWIN[3]

Todo arte tiene el potencial de sanar, de componer los pedazos rotos en nuestro interior. Para mí escribir ha sido mi salvavidas, que además me ha dado un propósito, algo crucial para construir resiliencia. He aprendido a desenganchar con cuidado mi corazón del alambre de púas del pasado, examinar las heridas y encontrar una manera de sanar. Si bien escribir no reemplaza la atención profesional de la salud mental, ha sido fundamental para ayudarme a navegar mis emociones. Después de todo, si no expresamos y procesamos nuestras emociones, empezamos a reprimirlas, permitiendo que se pudran en el interior de nuestro cuerpo, lo que nos lleva a un lugar oscuro donde podemos implosionar o explotar.

Cuando escribí *La distancia entre nosotros*, la página en blanco se convirtió en un espacio seguro donde pude dejar al desnudo mis experiencias de la infancia, reflexionar sobre ellas, examinarlas y minimizar su poder sobre mí. En esos momentos de reflexión vi el lado bueno de todo. "Oye, mis padres fueron terribles, pero por lo menos me dieron algo de qué escribir", solía bromear. O como dijo Robert Downey Jr. en su discurso de aceptación de los Premios de la Academia en 2024: "Quisiera agradecer a mi terrible infancia...".

Pero ¿acaso convertí mi trauma en el aspecto principal de mi identidad?

Así como "revivir repetidamente el trauma en la terapia puede reforzar la preocupación y la fijación",[4] lo mismo pasa al revivirlo en el escenario o en la página. Gracias al éxito de *La distancia entre nosotros*, y más adelante de *La búsqueda de un sueño*, ahora me encuentro en una dimensión desconocida, reviviendo en escenarios a lo largo de todo el país esos momentos que desearía poder olvidar. Mis memorias, nacidas del deseo de procesar mi trauma y asumir el control de mi curación, se han convertido en una espada de doble filo. Si bien escribirlas fue catártico, una forma de encontrarle sentido a mis experiencias y encontrar paz, revivir públicamente el trauma ahora se siente como envolver de continuo mi identidad alrededor de él, con lo que se refuerza mi imagen de víctima. Elegir a propósito vivir con el corazón enganchado en el alambre de púas.

Al principio empecé a hablar de mi trauma en público cuando salió mi novela debut. En las primeras lecturas de *A través de cien montañas*, rápidamente aprendí que los lectores se interesaban más por los eventos de la vida real que inspiraron mi narrativa ficcional, que en la historia que había inventado.

—¿Cómo te sentiste cuando tu papá se fue a Estados Unidos? —me preguntó una persona del público.

—¿Cómo lograste perdonar a tus padres? —preguntó alguien más—. ¿Cómo fue cruzar la frontera tan chiquita?

La mayoría de las preguntas en mis lecturas no eran sobre mi novela, sino acerca de mí y de mis sentimientos. Después de compartir tanto de mí con el público, me tomaba días recuperarme emocionalmente.

En esos primeros años de mi carrera, era una tortura abrirme sobre mis experiencias como inmigrante. Ya ahora, he compartido la narrativa de mi trauma tantas veces, que lo puedo hacer sin llorar (casi siempre). En aquel entonces, a menudo lloré en el escenario, sobrecogida por lo fresco de mis heridas. Aún recuerdo que, unos meses después de publicar *A través de cien montañas*, me invitaron a ser ponente principal en una gala para recaudar fondos para un albergue de mujeres maltratadas en El Paso, Texas. La otra ponente era Denise Brown, la hermana de Nicole Brown Simpson, que fue brutalmente asesinada en 1994. Denise Brown y yo íbamos a hablar sobre violencia doméstica y las cicatrices que deja. Cuando llegó mi turno de hablar y contar mis experiencias viviendo en un hogar con un padre alcohólico y violento, empecé a llorar. Intenté con todas mis fuerzas tragarme las lágrimas, me dije a mí misma que no estaba comportándome como una profesional, pero no pude evitarlo y sollocé durante toda mi intervención. Al hablar, estaba ahí de nuevo, siendo molida a golpes por mi padre. Me sentí expuesta, vulnerable, como si reviviera el abuso enfrente de un recinto lleno de extraños. Cuando me bajé del escenario, me sentía tan avergonzada de haber llorado, que me costaba trabajo mirar a la gente a los ojos. Solo esperaba que el albergue recibiera suficientes donaciones esa noche para que mi dolor valiera la pena.

Poco a poco empecé a ganarme la vida como escritora: me pagaban por visitar escuelas, dar ponencias y participar en paneles de discusión. Me sentí afortunada y agradecida por ver compensado mi tiempo y, sobre todo, por la oportunidad de contar mi historia con mis propias palabras, de llevar la experiencia del migrante a la luz y hablar de las injusticias que había visto y soportado. ¿Cuántos migrantes nunca tendrán esa oportunidad, seguirán siendo borrados y silenciados, se les negarán oportunidades para hablar sobre cuestiones centrales en su vida? Pero cada vez que subía a un escenario para compartir mi historia, debía revivir las experiencias dolorosas de las que había escrito. Durante la parte de preguntas y respuestas, el público me hacía preguntas muy personales que sonaban como:

—Cuéntanos del vacío en tu corazón...

Y yo siempre les contestaba. Hasta el día de hoy sigo bromeando con mi público cuando les digo que soy literalmente un libro abierto.

En ocasiones quise bajarme del escenario y ya no hablar más del dolor. Pero había escrito mis memorias... ¿No había invitado ya a los lectores a mi vida? ¿No tenía que darles acceso a cada espacio de mi corazón? ¿No es eso lo que hace una escritora de memorias? Aún no aprendía sobre límites ni me había topado con la afirmación del poeta Terrance Hayes: "Lo escribí para no tener que hablar de ello".[5]

Aunque valoro las oportunidades de conectar con mis lectores, de inspirar a otros y de vivir de lo que escribo y de las charlas que doy, a veces siento que contar mi trauma me encadena al pasado; sus bordes afilados me siguen cortando. En lugar de soltar, me dejo caer en el papel de víctima, buscando siempre más trauma para tener algo sobre qué escribir. Parece que tengo miedo de que, si dejo de hurgar en la herida, perderé mi fuente de inspiración.

Sin embargo, reconozco por completo que esta vulnerabilidad también tiene su lado bueno. Al ser tan abierta en la página y en el escenario, he forjado un vínculo emocional con mis lectores, quienes me recompensan conectando profundamente con mi historia. Mi valentía parece darles permiso para ser valientes y vulnerables también. Los anima a compartir sus propias vivencias y a encontrar consuelo en nuestras experiencias comunes. Esto me ha dado un fuerte sentido de solidaridad y apoyo mutuo, y me ayuda a sentirme menos sola. Al final, el poder de una narrativa compartida reside en construir comunidad y apoyar la conexión. Además, al hablar de mis traumas, trabajo activamente contra el silencio y el estigma que muchas veces los rodea, sobre todo dentro de la comunidad latina, donde el trauma y la salud mental siguen siendo temas tabú.

Pero en ocasiones me pregunto a mí misma: ¿he comercializado mi sufrimiento? ¿Me encasillé a mí misma como una escritora que escribe en "el género de la victimización"?[6] ¿Dónde se encuentra la línea entre la autorreflexión y la autoexplotación? ¿Será quizás cuando el dolor se vuelve entretenimiento? ¿Cuando la vulnerabilidad se vuelve un producto? Más allá del coste emocional, lidio con la creciente sensación de que, al compartir mi dolor, arriesgo perpetuar la narrativa de víctima, volviéndome cómplice de mi propia victimización, o reduciendo mis experiencias a una mera pornografía del trauma inmigrante.

¿Te acuerdas del día más feliz de tu vida? ¿Y qué hay del más triste? ¿Alguna vez te has preguntado si la tristeza y la felicidad se pueden mezclar para crear un sentimiento púrpura oscuro, no bueno, no malo, sino simplemente impresionante porque no tuviste que vivir en ninguno de los dos lados?

—OCEAN VUONG[7]

Mi narrativa siempre ha estado vinculada a mi sufrimiento, una fijación en el trauma que consideraba la única fuente de mi voz artística. Y como ahora doy prioridad a mi salud mental y cultivo nuevas alegrías —la jardinería, coser, pintar, hacer mermeladas y crear joyería—, me siento bloqueada, como si mi escritura no existiera sin mi angustia. Este es el dilema que intento resolver.

En su novela *En la Tierra somos fugazmente grandiosos*, Ocean Vuong escribe: "No quiero que mi tristeza se vuelva ajena a mí, así como no quiero que mi felicidad lo sea. Ambas son mías. Yo las hice, demonios".[8] Esta idea de negarse a "ajenar" cualquier parte de uno mismo es radical. Durante tanto tiempo he alejado mi propia felicidad de mi vida narrativa, creyendo que solo al fijar las heridas podía crear algo significativo. Yo me coroné como la reina de la miseria, até mi imaginación a mi trauma y, al hacerlo, rechacé la posibilidad de que la alegría pudiera ser una musa igual de poderosa. Por otra parte, tampoco quiero rechazar por completo mi tristeza ¡porque es mía, demonios! Pero siguiendo la lógica de Vuong, si yo "volví" mi tristeza el centro de mi arte, entonces también tengo el poder de invitar a mi felicidad a la página. El hecho de que yo sane depende de ello. El reto ahora es redefinir mi arte sin sacrificar mi sustento, escribir desde un lugar de entereza, no solo de quebranto. Es el acto consciente de integrar todas las partes de mi experiencia —el dolor y el placer, el trauma y el triunfo—, y permitirles coexistir como la verdadera fuente de mi obra.

Como dijo hermosamente Sherman Alexie: "Creo que cualquier escritor se encuentra en el marco de su propia prisión. Medio adentro, medio afuera. El propio acto de contar historias es un retorno a la prisión de lo que nos atormenta y nos mantiene cautivos, y los escritores volvemos a ella todo el tiempo. Haces todo ese viaje con tu prisión, revisitándola en tu mente. La esperanza es que llegue un momento en que te des cuenta de que también hubo belleza en tu prisión".[9]

Yo estoy lista para ver esa belleza.

¿Es siquiera posible reentrenar mi cerebro, cambiar cómo recuerda e impregnar mi memoria de más belleza y alegría? La respuesta es sí.

Las investigaciones confirman que puedo aprovechar la capacidad natural de mi cerebro para actualizar y transformar mis recuerdos. La investigadora científica Megan Speer, de la Universidad de Columbia, explica que el secreto está en aprender a darle un nuevo sentido al evento: "Encontramos que, en realidad, podemos cambiar lo que recordamos. Esto no quiere decir que inventemos recuerdos falsos, sino que somos capaces de actualizar nuestra memoria con un contenido novedoso, permitiéndonos recordar aspectos más positivos de una experiencia".[10] Añade que encontrar un significado positivo en experiencias negativas, como las lecciones aprendidas o la resiliencia obtenida, nos ayudaría a mejorar nuestro estado de ánimo, disminuir los síntomas de la depresión y recuperarnos con mayor rapidez del estrés.

Yo estoy decidida a cambiar mi forma de pensar, a permitir que nazca piel nueva sobre las heridas, a buscar y hacer espacio activamente para la felicidad junto a la tristeza. Quiero ver en qué se puede convertir mi narrativa cuando ya no esté alimentada únicamente por el dolor del pasado, sino por el sereno valor de seguir adelante. Quiero renovarme, apaciguar todo eso que arde. Para empezar, voy a replantear mi boda para que, al igual que mi esposo, yo siempre la pueda recordar como uno de los días más felices de mi vida.

Dejo el brazo de mi padre y ocupo mi lugar junto a Cory. Me sonríe para tranquilizarme, y cualquier ansiedad que mi cuerpo hubiera sentido después del comportamiento de mi padre, la dejo salir con mi siguiente exhalación. La oficiante, la hermana de Cory, Morgan, está parada frente a nosotros y les pide a todos que tomen asiento.

—Bienvenidos, familiares y amigos. Reyna y Cory nos han invitado el día de hoy a acompañarlos en la celebración de su matrimonio…

Observo a Morgan, mi futura cuñada, y sonrío. Aunque es su primera vez, dirige la ceremonia como una profesional. Todo lo que tenemos que hacer los demás es seguir sus instrucciones. Mago, mi dama de honor, y Ben, el padrino de Cory, leen los poemas elegidos, las mamás encienden las velas de la unidad, los padrinos de lazo lo pasan por encima de nuestros hombros, como es tradición en las bodas mexicanas, símbolo de nuestra unión eterna. Por último, Morgan dice:

—Cory y Reyna, han declarado su intención de casarse. Ahora los invito a compartir sus votos uno con el otro ante sus queridos amigos y familiares.

Cory y yo nos miramos de frente y yo me pierdo en sus brillantes ojos azules, sintiendo que miro los años que tenemos por delante: luminosos, resplandecientes, alegres. Cory habla primero:

—Reyna, eres una mujer inteligente, creativa, decidida y talentosa. Estoy aquí hoy para comprometerme a una vida de aventuras contigo…

Habla de la estimulante caminata que hicimos por Malibu Creek cuando empezábamos a salir, de cómo supo cuando llegamos a la cima y nos sentamos a descansar que yo era la mujer para él. Yo sonrío porque yo me sentí igual ese día, y recuerdo el miedo que me dio pensar que no se dieran las cosas.

Y, sin embargo, aquí estamos.

—No puedo esperar para ver a nuestros hijos y nietos crecer —dice—. Al envejecer juntos, sé que la vida contigo siempre será emocionante. Tendremos aventuras, pero sé que también encontraremos siempre un momento tranquilo para ver una película o resolver un crucigrama o jugar Scrabble.

Los invitados se ríen. Para entonces, ya todos saben de nuestra mutua adicción. Cuando me propuso matrimonio, Cory escondió el anillo de compromiso en la bolsa de Scrabble para que yo lo encontrara en nuestro siguiente juego.

—Reyna —continúa Cory—, me siento honrado de casarme contigo hoy. Te amo con todo mi corazón.

Pude haberlo besado ahí mismo, pero al mirar a Morgan, erguida con bastante autoridad cerca de nosotros, sé que debo seguir el programa.

Luego viene mi turno de decir mis votos. El papel tiembla en mis manos, pero la calidez en los ojos de Cory me da calma, me da fuerza, así que empiezo.

—Cory, en ti encontré a un hombre que me ama y me respeta, que es devoto y confiable, sin mencionar lo guapo y sexy… ¿qué más podría pedir una mujer? —Hago una pausa para que los invitados se rían. Cory sonríe y sacude la cabeza por mi desvergüenza. Continúo, poniéndome seria—: Admiro de verdad tu integridad y la lealtad inquebrantable hacia tu trabajo, tu familia y tus creencias. Me aceptas con todos mis defectos, mis inseguridades y mis traumas de la infancia, y sé que siempre me apoyarás en la búsqueda de mis sueños, así como lo haré yo. Has sido un gran regalo para mi hijo. Estoy muy agradecida por todo el amor que le has dado. Desde que empezamos a salir y me dejaste enganchada con el Scrabble, supe que mi vida nunca sería la misma sin ti. ¿Con quién más voy a jugar? Me emociona pasar el resto de mi vida contigo y compartir nuevas experiencias. Es un honor casarme contigo hoy. Te amo.

Me recuerdo a mí misma que no debo llorar porque no me puse rímel a prueba de agua y lo último que quiero es acabar con ojos de mapache, pero cuando Morgan dice:

—Ahora los declaro marido y mujer. Puedes besar a la novia…

Los labios de Cory tocan los míos, y ya no me importa cómo me veo. Cory es mío y yo suya, y juntos construiremos la familia amorosa y estable que mi hijo, Nathan, y nuestra futura hija merecen. La clase de familia que yo siempre quise tener.

Juana la Mexicana

Juana La Mamá

Dos años después de que mi papá se fuera a Estados Unidos, mi mamá lo siguió al norte, dejando a sus tres hijos en México. Yo tenía cuatro años cuando ella se fue a California. En enero de 1980, unas cuantas semanas antes de cumplir treinta años, mi madre llegó a Los Ángeles y encontró trabajo limpiando hebras en el Distrito de la Moda. Era una entre miles de mujeres inmigrantes indocumentadas que trabajaban todo el día por menos del salario mínimo, expuestas a riesgos constantes y sin ningún tipo de servicio médico. Ganaba quince centavos por cada pieza, las hebras que cortaba colgaban de su ropa como telarañas. Pasaba todo el día, tijeras en mano, en un espacio sin aire, lleno de máquinas de coser industriales y planchas de vapor, trabajando en una prenda y luego en otra, tratando de no cortarse los dedos. Odiaba ese trabajo. Se sentía como en una prisión en ese taller clandestino de Los Ángeles.

En México había vendido Avon y le encantaba esa chamba, el ajetreo de trabajar en ventas como emprendedora. Le gustaba caminar por la colonia, mostrar su mercancía y los catálogos de casa en casa, platicar con las clientas. En Los Ángeles extrañaba la libertad de trabajar afuera, de establecer su propio horario, de ser su propia jefa.

A los dos años de estar así, mi padre y ella se separaron. Mis hermanos y yo seguíamos en México, esperando poder reunirnos con ellos. Cuando finalmente cruzamos la frontera tres años más tarde para empezar nuestra nueva vida en Los Ángeles, la familia que habíamos conocido en México ya no existía. Mi papá dejó a mi mamá por otra mujer, y mi mamá, a su vez, dejó a sus hijos por otro hombre. Le dio a mi papá la custodia legal y física de mis dos hermanos mayores y de mí, y solo se quedó a mi hermanita más chica, Betty, que nació en Estados Unidos. Nunca volvimos a vivir juntos. Yo solo veía a mi mamá una o dos veces al mes. Al alejarse de nuestra vida, le dio permiso a mi papá y a mi madrastra para que nos criaran a su gusto.

Mis hermanos y yo crecimos en Highland Park, al noroeste de Los Ángeles, que en aquel entonces era un barrio latino de clase trabajadora con un serio problema de pandillas. Pero nosotros veníamos del empobrecido estado de Guerrero —el segundo estado más pobre de México—, así que Highland Park era una gran mejora. Los caminos de tierra de mi infancia quedaron reemplazados por calles anchas y pavimentadas que parecían infinitas. En lugar de casuchas hechas con palos y cartón, como la que llamábamos hogar en

México, las calles estaban flanqueadas por casas de verdad, hechas con paredes gruesas de estuco y techos de teja. Aunque seguíamos siendo pobres según los estándares de Estados Unidos —mis hermanos y yo dormíamos en la sala, en un sofá cama, nuestro sueño interrumpido por disparos, sirenas y el ruido de los helicópteros a la distancia—, las paredes sólidas de nuestro dúplex de una recámara en Avenue 50 nos daban una protección que no habíamos conocido en México.

Mi padre, obrero de mantenimiento con una educación de tercer año, hablaba poco inglés. Seguíamos siendo indocumentados en aquel entonces, pero él levantaba nuestras calificaciones y decía:

—Los traje a este país para que tuvieran educación, para que algún día tuvieran carreras, fueran dueños de casa, tuvieran dinero para jubilarse.

Esas eran sus esperanzas, y nos exigía calificaciones perfectas y ninguna falta, y nos amenazaba con mandarnos de regreso a México si no. Él quería que alcanzáramos el Sueño Americano en toda su gloria y que nuestra vida fuera completamente distinta de la que dejamos atrás.

—Ahora estamos en California —decía—. Y tenemos que ver pa'lante, no pa'trás.

Mi madre era todo lo opuesto a mi padre. Tenía aspiraciones humildes, no sueños idealistas. Estaba contenta con lo poco que tenía, pues ninguna pobreza en Los Ángeles se podría comparar alguna vez con la que dejamos en México.

—A veces no teníamos nada de comer más que una tortilla con sal y un chile jalapeño para calentarnos la barriga —decía—.

Mientras no fuera *así* de pobre, ella feliz.

Para mi madre, sobrevivir era suficiente. Nunca le habían enseñado a ir por más.

¿De dónde sacó mi papá su ambición? ¿Quién le enseñó a soñar más alto? No lo sé. Lo que sí sé es que se lo transmitió a sus hijos.

—Yo no los crie para que sean donnadies —nos decía todo el tiempo—. No arriesgamos la vida cruzando la frontera para que acaben como unos fracasados.

Juana La Vendedora

Unos cuantos años más tarde, mi madre dejó su trabajo en la fábrica para volverse su propia jefa: vendedora en un *swap meet* local al aire libre, como los tianguis de México. Dado que no manejaba, su marido dejó su trabajo como planchador y ambos trabajaban en el *swap meet*: en South El Monte los fines de semana, en San Fernando los martes, en Santa Fe Springs los miércoles y los viernes. Los jueves compraban mercancía en las tiendas de mayoreo en el Centro de Los Ángeles. Cambiaron sus empleos estables y mal pagados en la industria manufacturera por la aventura incierta de vender productos Avon, Jafra y Mary Kay, además de artículos de temporada, como rosas de seda y ositos de peluche para el Día de San Valentín, sandalias baratas de plástico en el verano y juguetes en época de Navidad.

—Mira a tu madre —nos decía mi papá torciendo el gesto—. Esa no es forma de vivir. Vendiendo chucherías en el tianguis. Sin estabilidad, sin jubilación, sin beneficios. Por eso está en la beneficencia.

Entre más la denigraba, más la denigrábamos nosotros. Le echábamos más ganas a la escuela, jurando no seguir sus pasos. Estábamos decididos a ser diferentes, a lograr la vida que nuestro padre deseaba.

Los sueños de mi papá, aunque bienintencionados, fueron una carga inmensa para sus hijos. Yo cargué con el peso de sus expectativas, la presión de tener éxito y validar sus sacrificios. Pero entre más trataba de estar a la altura, más me alejaba de él y de mi madre.

Cuando nos sobrepasaba la ausencia de nuestra madre (y de nuestra hermanita), mis hermanos y yo íbamos a verla. Entrábamos a otro mundo cada vez que la visitábamos en el Centro de Los Ángeles. El barrio de mi madre, cerca de Skid Row, hacía que nos preguntáramos si seguíamos en California y no en un país empobrecido como el que habíamos dejado. Al caminar de la parada del autobús en Spring Street hacia su casa en San Pedro Street, mi hermana, mi hermano y yo nos abríamos paso entre los indigentes tirados en las banquetas y las prostitutas paradas en cada esquina. Las calles apestaban a orina y marihuana. Montañas de basura crujían bajo nuestros pies. Coloridas bolsas de plástico flotaban en el viento por todas partes, como paracaídas miniatura. Entrábamos corriendo al departamento de una sola habitación que tenía mi mamá, apretujándonos entre el revoltijo caótico de muebles y pilas de cajas donde guardaba sus pertenencias.

Su casa, con un baño y una cocina compartidos en ese piso, estaba infestada de cucarachas y ratones, y olía a zorrillo. Mi madre completaba sus ingresos reciclando latas y botellas. Hurgaba en los botes de basura con las manos desnudas y dejaba las bolsas con su botín en un rincón de su departamento —con lo que alimentaba a las cucarachas y apestaba el lugar— hasta que juntaba lo suficiente para ir al centro de reciclaje.

Las visitas a su casa eran incómodas. Nuestra historia de separaciones, de su abandono, se cernía sobre nosotros. Nos trataba como visitas, no como sus hijos, y parecía incapaz de darnos el amor y la calidez maternal que tanto queríamos. Siempre éramos nosotros los que íbamos a visitarla, y si alguna vez nos extrañó, nunca lo dijo. Era como si no existiéramos, a menos de que tocáramos su puerta.

Cuando se quejaba de las malas ventas en el tianguis, sugeríamos que aprendiera a manejar.

—Así te puedes ir tú sola y tu marido puede conseguir un trabajo estable. Así por lo menos uno de los dos tendría un dinero seguro.

La sugerencia la aterraba.

—¿Y si me mato?

Insistía en que su marido la llevara al tianguis.

Conforme crecíamos mis hermanos y yo en California, asimilamos más y más la cultura estadounidense. Hablábamos inglés fluidamente. Escuchábamos a Madonna y Depeche Mode, nos vestíamos como superhéroes, fantasmas y dioses griegos en Halloween. Empezamos a reemplazar las telenovelas con programas como *Small Wonder* y *Married... with Children*. Mi hermana aprendía baile moderno. Yo me uní a la banda de la escuela, y tocamos varias veces en el Desfile de Navidad en Disneylandia y en el Desfile de las Rosas en Pasadena.

Entre más nos educábamos en las escuelas de Estados Unidos, menos comprendíamos a nuestra madre. Interiorizamos el desdén que siente la sociedad norteamericana por migrantes como ella: que no tienen estudio, que no hablan inglés, los trabajadores inmigrantes poco calificados que viven al margen de la sociedad. Empezamos a rechazarla a ella y a todo lo que representaba. Nuestros ojos americanizados la veían como un símbolo de todo eso de lo que deseábamos escapar desesperadamente. Así que, de manera consciente e inconsciente, a través de los años excluimos a nuestra madre de nuestras conversaciones y, con el tiempo, de nuestras vidas estadounidenses.

A los veinte me aceptaron en la Universidad de California Santa Cruz (UCSC). Aunque solo quedaba a seis horas de Los Ángeles, mudarme al norte profundizó el golfo entre mi mundo y el de mi madre. Al llegar a Santa Cruz sentí que había ganado acceso a una mejor versión de California… una versión de cuento de hadas.

Santa Cruz era un lugar idílico, con el campus rodeado por un imponente bosque de secuoyas que daba a Monterey Bay. Cada mañana, lo primero que veía al despertar eran los árboles más altos del mundo. Caminaba a mis clases y el aire tenía un aroma pesado a tierra mojada y pino, pasaba junto a venados pastando para desayunar, y las babosas amarillas se arrastraban por el suelo del bosque, encarpetado con capas de hojas secas y musgo. De pie bajo la luz salpicada que se filtraba entre las secuoyas, miraba las brillantes aguas azules de Monterey Bay extendiéndose ante mí como el espejismo de un sueño, la brisa fresca y salada besándome el rostro, y me sentía increíblemente afortunada. Mi mundo se hacía más grande, y mi lugar en él cambiaba.

En Santa Cruz hice mis primeros amigos veganos y vegetarianos. Yo nunca había escuchado palabras como *tofu*, *soya* y *germen de trigo*; nunca había comido germen de alfalfa ni sopa de chícharo. Ahí también conocí a mis primeras amistades abiertamente gay, lésbicas y bisexuales. Por primera vez fui parte de una minoría en mis clases. Cuando compartí mis experiencias con mis hermanos, creyeron que me había mudado a otro país, no solo a otra parte del estado. Para mi madre, Santa Cruz sonaba a otro planeta.

Todo el mundo en Santa Cruz estaba interesado en la protección medioambiental. Cuando llovía, los estudiantes bailaban desnudos en el bosque, fingiendo ser hadas que adoraban las secuoyas. Se ataban a los árboles y protestaban cuando los administradores del campus anunciaban la construcción de nuevos edificios. Se suponía que todos debíamos proteger el medioambiente, y reciclar era obligatorio. Hasta los desechos de comida eran reciclables, destinados a algo llamado *composta*. Fue entonces que descubrí que mi madre estaba involucrada en ecología sin que yo lo supiera, rescatando latas y botellas destinadas a los tiraderos de basura para pagar su renta.

Me aterraba que cualquiera me preguntara por las ocupaciones de mis padres.

—Mi papá trabaja en mantenimiento y construcción. Es bueno haciendo cosas con las manos.

Pero cuando tocaba el turno de mi madre, las palabras se me salían con vergüenza:

Recicla latas y vende cosas en el tianguis —murmuraba, y pensando que casi podía oír el juicio silencioso de la gente, añadía rápidamente—: No sé por qué no puede conseguir un trabajo de verdad.

Su pobreza me avergonzaba. Hasta en el "país más rico del mundo", la pobreza se aferraba a mi madre como esas hebras de la fábrica donde trabajaba.

Mi doble especialización en escritura creativa y cine y video me expusieron a distintos tipos de narrativas. En una clase de cine nos encargaron crear un documental de cinco minutos sobre un tema que quisiéramos explorar. El mayor enigma de mi vida era mi madre ausente. Así que elegí contar su historia.

Volví a la California de mi madre con una cámara prestada para pasar un fin de semana documentando su vida de comerciante en un *swap meet*. Nos despertamos antes del amanecer y cargamos la miniván. Le habían quitado los asientos traseros para hacer espacio para la mercancía. En la quietud de la madrugada, mientras mi padrastro nos llevaba al *swap meet*, yo iba sentada en el piso, sintiendo la aspereza de la alfombra vieja, metida entre cajas de desodorantes Avon y aceite para el cabello, la cámara apuntando a mi madre mientras yo rezaba porque no tuviéramos un accidente.

El sol no había salido, pero en el Starlite Swap Meet ya se veía el ajetreo, la brisa fría de la mañana apestando a humo de escape por todos los vendedores que llegaban. El aire vibraba con los sonidos de tubos pesados de metal mientras ensamblaban sus puestos, las lonas de plástico que pasaban por encima y amarraban con cuerdas elásticas y tiras. Cuando salió el sol por encima de los techos de los puestos, observé a través del lente de mi cámara cómo mi mamá acomodaba su mercancía, buscando la forma correcta de exhibirla. Vi lo mucho que disfrutaba hablar con los compradores, captar su atención haciéndoles la plática, dejarlos oler un perfume o probar la sedosidad de una crema para manos.

Con la cámara apuntando hacia ella, fui testigo del amor de mi madre por vender. No importaba que estuviera de pie todo el día, saltándose comidas, o que no fuera al baño nunca para evitar perderse una venta. Me sentía mal por ella cuando la gente se alejaba sin comprarle nada. Vi su cara brillar de orgullo y alegría cada vez que concretaba una venta, y apretando los billetes en la mano, hacía la señal de la cruz y le agradecía a Dios que la ayudara.

Después de un largo día, con la poca energía que quedaba, quitamos el techo, doblamos las lonas, desensamblamos la estructura, empacamos la mercancía que no se había vendido de vuelta a la camioneta y salimos del lugar, ahora vacío. Conforme el atardecer cubría Los Ángeles, con las siluetas de las palmeras en la distancia, fuimos de vuelta a su departamento pequeñito, la camioneta un poco menos llena de cajas, yo un poco menos sofocada, un poco menos ignorante. Por primera vez en mucho tiempo, mi desconexión con mi madre disminuyó un poco.

Después de cenar esa noche, puso su música favorita y la filmé bailando "Juana La Cubana", una cumbia que le encantaba porque, si bien no era cubana, sí se llama Juana. La canción le hablaba directo a su corazón mexicano. Sentía que la habían escrito para ella.

En la sala de edición de la UCSC, vi el rostro de mi madre salir una y otra vez en la pantalla de la computadora, radiante con esa oración ferviente de agradecimiento por vender algo. Me sentí más cerca de ella que nunca antes. Un hilo invisible se estiraba entre nosotras, una conexión silenciosa a pesar de la distancia. Un recordatorio del vínculo que alguna vez compartimos, antes de que una frontera nos separara.

Tenía que proyectar mi documental en clase. Me sentía nerviosa, avergonzada incluso, de mostrar un retrato tan íntimo de mi madre. ¿Qué iban a decir los alumnos y el maestro? ¿Qué pensarían de ella? ¿De mí? Al ver bailar a mi madre en su minúsculo departamento, me preguntaba si verían lo que yo había visto por primera vez a través de la cámara: no una mujer abatida por la pobreza, sino una mujer cuyas aspiraciones humildes la inundaban de gratitud por una vida que era tantito mejor de la que había dejado. Me di cuenta entonces de que, a través del filme, había traído a mi madre, con toda su resiliencia y su humildad, hacia mi California. Ese documental de cinco minutos no era suficiente para frenar la creciente división cultural entre nosotras, entre mi yo americanizado y la mujer que seguía llevando a México en el corazón, pero en ese momento sí lo hizo.

Juana La Cartonera

Cuando me gradué de la UCSC, regresé a Los Ángeles porque, para mi pesar, no podía costear una vida en esa mejor California. Santa Cruz era hogar de jubilados ricos y empleados de Silicon Valley. Había pocos trabajos disponibles. Para complementar mis becas y préstamos estudiantiles, había pintado dormitorios como parte del equipo de pintores del campus y vendido hot dogs y helados en el malecón de Santa Cruz Beach. Aun cuando disfruté esos trabajos, no quería seguir trabajando ahí después de mi graduación. *Yo no crucé la frontera para acabar vendiendo hot dogs para sobrevivir*, me dije a mí misma, canalizando la voz de mi padre. *Ni de chiste*.

Pensé en los sueños que tenía mi padre para nosotros: "Educación, carreras, casas, jubilación, ¡eso es lo que quiero para ustedes!". Algún día, de alguna manera, estaba decidida a tener todo eso, a hacer que estuviera orgulloso de mí. Algún día, de alguna manera, estaba decidida a encajar en una narrativa de éxito que, si bien no siempre se alineaba con mis propios deseos ni con mi identidad, sería mejor que la vida que tuve de niña. Así que me despedí de las secuoyas y los venados, del muelle y el malecón, de los surferos y los hippies, para probar mi suerte en la ciudad donde había crecido.

Si bien fue difícil, eventualmente logré tener todo lo que mi padre soñó para mí. Tenía un título universitario y una prometedora carrera como escritora. Compré mi propia casa a los veintiséis años y empecé a ahorrar dinero para el retiro. Todas estas cosas me dieron acceso a una California diferente. Escribir me abrió la puerta de la comunidad literaria de Los Ángeles y de otras partes. Leí mi trabajo en la Feria del Libro de *Los Angeles Times* —la feria del libro más grande del país—, de la que nunca había escuchado hasta mis veintitantos. Leí en el Auditorio Mark Taper en la hermosa Biblioteca Central de Los Ángeles, a meros diez minutos de la casa de mi madre, pero en la parte bonita del Centro, la cual no sabía que existía. Leí en la Librería Vroman's en Pasadena, en Skylight Books en Los Feliz, en Barnes & Noble en Santa Mónica. Presenté mi obra en ciudades de California que no había oído: Mission Viejo, Santa Bárbara, Delano, Blythe, Camarillo, Idyllwild, Point Reyes, Santa María, Arcata, Carlsbad, Merced, Chico, Half Moon Bay, Red Bluff, San Jacinto, Calexico, Manteca, Taft.

Mientras recorría el estado presentando mis libros, mi madre se mudó a Pico-Union, uno de los últimos barrios de bajos ingresos que resisten junto a la gentrificación del centro de Los Ángeles. Vivía a menos de una milla de distancia de un hotel de cuatro estrellas, el L.A. LIVE, y del centro de convenciones. La casa donde rentaba un cuarto quedaba al otro lado del terraplén de una autopista, el aire denso con el humo de los escapes y el incesante zumbido de los carros al pasar. Abajo del paso elevado de concreto había un campamento de indigentes. Había varios campamentos improvisados, uno detrás del otro; sus ocupantes hurgaban entre pilas de pertenencias descartadas o llenaban galones de agua en el hidrante de la esquina.

Debido a la caída de las ventas durante la recesión, mi madre tuvo que dejar los *swap meets* y empezó a reciclar cartón a tiempo completo, además de latas y botellas. Los negocios del Centro le hablaban para que fuera a recoger el cartón a la hora del cierre. Cuchillo en mano, quitaba la cinta para embalar, aplanaba con cuidado las cajas y cargaba caja tras caja en la camioneta. Cuando se llenaba, con el olor metálico del cartón procesado en su piel, su marido y ella iban al centro de reciclaje que estaba en Slauson Avenue, en South Central, para vender el cartón, y recibían de cuarenta a cincuenta dólares por su esfuerzo.

—Eso ni siquiera es un salario mínimo —señalé una vez.

Se encogió de hombros y me dijo:

—En México estaría ganando cinco dólares al día.

Yo negaba con la cabeza en un gesto de desaprobación y, como hacía cada mes, le daba dinero para la renta. Aun después de todos estos años, aunque la entendía hasta cierto punto, seguía batallando por aceptar la relación tan ajena de mi madre con los estándares de la sociedad estadounidense. Seguía sin poder comprender que se conformara con apenas salir tablas. Me ha sido muy difícil dejar de contemplar su visión de vida solo a través del lente de la ambición estadounidense, siempre en busca de más.

Cuando tenía tiempo para visitar a mi madre, me contaba historias de su mundo. Me hablaba de un estacionamiento en Pico-Union donde los camiones recogían a los lugareños para ir a un casino de camino a Palm Springs por menos de treinta dólares el viaje redondo. Iba siempre que podía darse el lujo de tener un día libre. Me contaba de las amigas que había hecho, como una ama de casa que se salía a escondidas cuando su marido se iba a trabajar, tomaba el autobús para ir a apostar el dinero de la despensa y regresaba antes de que él volviera.

Me contó del hijo de su amiga, un drag queen que bailaba en los clubes nocturnos locales con un tributo a Selena. Cómo una noche, a un amigo suyo, otro drag queen, lo llevaron a un baño, lo empaparon en gasolina y le prendieron fuego.

Me contó de una ocasión en que ella y su marido le dieron un aventón a su cuñado al aeropuerto y se estacionaron en la entrada. Entraron todos para ayudarlo con las maletas y usar el baño, y cuando salieron quince minutos después, la camioneta tenía seis patrullas alrededor. Arrestaron a su marido por manejar sin licencia, una grúa se llevó la camioneta y la dejaron ahí varada en el aeropuerto.

—Yo no sabía que no te podías estacionar ahí —dijo.

No tenía caso mencionar los anuncios repetidos afuera de la terminal diciéndote que no dejaras vehículos solos. Los anuncios eran en inglés.

Cuando me pidieron ser la principal ponente en una conferencia anual sobre educación en San José, con más de siete mil educadores, le pedí a mi mamá que fuera conmigo para ayudarme con mi hija, que apenas caminaba en aquel entonces. La conferencia ofrecía un estand en la sala de exposiciones donde pasé todo el día promocionando y firmando mis libros, además de charlar con académicos sobre mi obra y mis experiencias como niña inmigrante en las escuelas públicas de California. Le presenté a mi madre a cada maestro que se acercó.

—Mucho gusto, señora Juana, debe estar muy orgullosa de su hija —decían, dándole la mano.

En algún momento, mi hija se puso ansiosa, así que le pedí a mi mamá que la llevara a dar una vuelta por la sala de exposiciones, donde los comerciantes vendían útiles y materiales. Media hora después, vi a mi madre caminar por el pasillo hacia mí con una enorme bolsa de plástico en una mano y mi hija en la otra.

—¿Qué traes ahí? —le pregunté, pensando que los comerciantes le habían regalado muestras.

Abrió la bolsa, revelando una gran cantidad de latas y botellas. Su rostro irradiaba alegría cuando dijo:

—¡Los botes de basura están llenos de estas cosas! No me cupieron todas. ¡Necesito otra bolsa!

Me vinieron a la mente todos esos maestros que le presenté, mortificada por lo que debieron pensar al ver a la madre de la ponente principal hurgando en la basura. ¿Me juzgarían cuando diera mi ponencia esa noche? Quería salir corriendo del centro de convenciones de la vergüenza, pero entonces me di cuenta de que, si bien yo había querido traer a mi madre a mi mundo, ella también había traído su mundo al mío. Me dije que si quería tener cualquier clase de relación con ella, necesitaba aceptarla como era, aprender a respetar su alegría ante una vida que le ofrecía tan poco y vivir bajo sus propios términos. No pedir más.

Mi ambición y mi determinación me habían dado un impulso para subir y me habían traído éxito material, pero también me hacían sentir apenada de que mi madre no lograra lo suficiente. Me ha costado trabajo hacer lo que Prisca Dorcas Mojica Rodríguez nos anima a hacer a las chicas morenas: "...deben guardar a sus padres en su corazón en lo que desmantelan los sistemas que han mantenido a personas como ellos en el suelo".[1]

Mi madre ya tiene más de setenta años y su vida se reduce a un cuartito en Pico-Union. Todavía no habla inglés ni sabe manejar. Después de que un infarto la dejara parcialmente paralizada, ya no pudo rebuscar en los botes de basura ni ir por toda la ciudad recogiendo cartón. El Día de las Madres de 2025, en el trayecto de vuelta del casino, su autobús se estrelló contra una SUV parada en la autopista. El conductor de la camioneta murió. Mi madre, junto con otros treinta y un pasajeros, sufrió lesiones. Necesitó una cirugía mayor de rodilla y meses de fisioterapia. Es probable que pase el resto de su vida en una silla de ruedas.

Mis hermanos y yo le hemos dado trece nietos… todos nacidos en California. A diferencia de nosotros, nuestros hijos nacidos en Estados Unidos hablan inglés como su primer idioma. La mayoría de ellos ni siquiera sabe hablar español, y no pueden hablar con su Abuela Juana sin la ayuda del traductor de Google. Lo triste es que la distancia no se debe solo al lenguaje. La distancia emocional que ha mantenido mi madre con nosotros desde que éramos chicos es todavía más grande con sus nietros. Se perdieron la calidez de ese vínculo cercano entre abuela y nietos con ella. A lo largo de los años, las hebras de nuestra relación han seguido deshilachándose, y aunque mis hermanos y yo hacemos lo mejor que podemos para ayudar a nuestra madre, cualquiera que sea el vínculo que aún nos mantiene unidos sigue pareciendo frágil.

Me ha costado mucho sentirme agradecida por lo poco que me dio, aceptar que sus propios traumas no resueltos la limitaron y dejar de resentir que yo haya tenido que hacer parte de su trabajo emocional en su lugar. Es una maraña de emociones conflictivas: enojo por haber recibido tan poco, tristeza por la madre que nunca tuve y culpa por saber que ella también fue víctima de su propio pasado; sin embargo, la sigo juzgando.

Cuando siento que la distancia entre nosotras es insuperable, recuerdo cuando la seguí con una cámara, filmando un día en la vida de Juana, mi madre, la extraña. La veo en su silla de ruedas y en mi mente está bailando "Juana La Cubana", dando vueltas y vueltas. Siempre estaré afuera mirando hacia adentro, observándola a través de un lente de cámara, como nunca podré verla a simple vista.

Remendar mi lengua materna

...cuando te ofreciste por primera vez al inglés, cortaste tu lengua materna. No fue una decisión consciente. Y sin embargo, lo fue. Tan consciente como puede estar un niño sobre una amputación.

—VIET THANH NGUYEN[1]

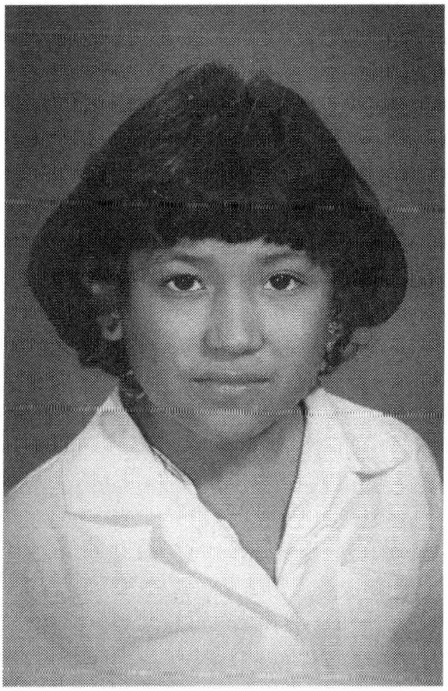

Reyna en quinto grado

El primer día del quinto grado en Los Ángeles está grabado con fuego en mi memoria. Mi maestra de cabello rubio y ojos azules, enfrentada a una niña migrante de diez años que acababa de llegar de México y no hablaba una palabra de inglés, señaló el rincón más recóndito del salón y me mandó para allá.

En ese momento comenzó la amputación de mi lengua materna. No solo perdí mi lugar en el salón… empecé a perder mi español.

Mi maestra no tenía idea del viaje tan peligroso que acababa de realizar para llegar a este país. No tenía idea de que mi sola presencia en su salón de clase no era nada menos que un milagro. Que yo había eludido la deportación, la detención y hasta la muerte… un destino que trágicamente sí se cumple para muchos inmigrantes, incluyendo niños. Mi maestra no tenía consciencia de que había pasado años lejos de mis padres y estaba lidiando con el trauma de esa separación familiar. * Su salón operaba bajo una política estricta de solo inglés, un método traumático que implicaba "adaptarse o morir", impuesto con demasiada crueldad sobre los niños migrantes por políticas equívocas y prácticas académicas ignorantes.

Era 1985, y por todo California se veía atacada la educación bilingüe. Un año más tarde, los californianos votaron para que el inglés fuera el idioma oficial del estado, sentando las bases para políticas que marginalizarían aún más a estudiantes como yo.** En aquel

* Mi experiencia no es la única. Alrededor del 80 por ciento de los niños migrantes viven separados de uno de sus padres durante la migración. Esta separación genera un profundo trauma psicológico que complica todas las dinámicas familiares y acompaña a estos niños hasta el salón de clase. Reprograma el cerebro en desarrollo, con lo que dificulta el aprendizaje, la regulación de las emociones y la capacidad de encontrar significado en las tareas escolares. Lo que necesitan los niños inmigrantes es tiempo, paciencia, amor y apoyo psicológico para sanar… ¡no más trauma! Sin el apoyo adecuado, el trauma que llevan consigo repercute no solo en su progreso académico, sino en su crecimiento personal.

** Por ejemplo, nueve años después, los californianos votaron la Iniciativa de ley 187, que exigía a los distritos escolares negar el servicio a inmigrantes indocumentados y obligaba a los maestros —como mi profesora de quinto año— a reportar el estatus migratorio de sus estudiantes a los Servicios de Inmigración y Naturalización (los precursores de ICE). Afortunadamente, la propuesta se consideró inconstitucional.

entonces, yo desconocía las luchas políticas, pero el mensaje de mi maestra era claro: el inglés era el único idioma que importaba.

Sentada en ese salón de clase, sintiendo que ya no tenía voz, el lenguaje ajeno del inglés se sentía como una pared entre todos los demás y yo, y además batallaba con la creciente vergüenza de hablar español. Recuerdo pensar, con la certeza devastadora de una niña, que *yo* era el problema, que algo en mí estaba roto que me hacía indigna de la atención de mi maestra. *¿Así es la vida en Estados Unidos? ¿Ser invisible?*, pensé.

Hacia mediados del año escolar, mi escuela organizó un concurso de escritura y todos los alumnos debíamos escribir un cuento. Yo escribí el mío en el único idioma que conocía. Mi maestra juntó los relatos para elegir los mejores para el concurso y, al revisarlos, dejó el mío —y el de todos los demás niños que no hablaban inglés— en una pila distinta porque estaban en español. Ver a la maestra aventar mi cuento en español hacia la pila de "rechazados" me hizo sentir que me estaba desechando a mí también.

No era solo el hecho de no hablar inglés. Era esa sensación aplastante de que no entender me volvía menos: menos inteligente, menos digna, menos humana.

Dos años después las cosas eran un poco distintas, pero permanecía esa misma sensación de ser ajena. En séptimo grado me inscribieron en el programa de Inglés como Segunda Lengua (ISL) de mi secundaria. Aunque me sentía contenta de por fin participar en una clase independiente llena de personas como yo que apenas aprendían inglés —unidos por nuestra experiencia compartida navegando un nuevo idioma y una nueva cultura, trabándonos con las mismas palabras en inglés, riéndonos de nuestros errores, sintiendo la nostalgia de nuestras respectivas patrias—, era humillante estar en esa clase. De nueva cuenta, me pusieron en el "rincón", solo que ahora en las cabañas, lo más lejos posible de los edificios principales de la escuela. Todos sabían que los alumnos que tomaban clase allí eran los niños migrantes, los que no tenían papeles y los que hablaban con acento de "mojado". Esas cabañas eran un símbolo de otredad. Al aprender inglés, también aprendía la dolorosa lección de mi lugar en este nuevo mundo. Trabajé duro para librarme del estigma de ser una estudiante de ISL.

Mi programa de ISL era un modelo transicional diseñado para reclasificarnos rápido, de un inglés "deficiente" a un inglés "eficiente", pero sin intención de hacernos bilingües ni mucho menos biculturales. El incesante enfoque en la inmersión al inglés rara vez dejaba espacio para nuestra cultura o nuestros conocimientos en el plan de estudio. No nos enseñaban el valor del multilingüismo y nadie mencionaba que hablar dos o más idiomas era una ventaja, en particular en un país tan diverso.* Mi salón de clase no incluía literatura ni actividades en español para mejorar nuestras habilidades. Tal vez los maestros veían las tareas y la alfabetización en español como un desperdicio, ya que la única meta del programa era que los niños migrantes funcionaran en salones donde solo se hablaba inglés.

El resultado fue que mi español quedó trunco; permaneció al nivel de una niña de tercer año, el último curso que completé en México.

La UNESCO define una segunda lengua como una que se adquiere *además de* la lengua hablada en casa. Pero en mi programa de ISL, en lugar de sumar, se sustrajo algo: poco a poco, mi español quedó reemplazado, hasta que empecé a pensar y soñar y escribir solo en inglés.

---

* Y sobre todo aquí, en California, donde el español está profundamente integrado a la historia del estado, anterior al inglés y hablado mucho antes de la anexión (despojo de tierras) a Estados Unidos en 1848.

Años más tarde aprendí el término para lo que me pasó: *bilingüismo sustractivo*, cuando aprender una nueva lengua hace que pierdas las habilidades y el dominio de tu primera lengua. Es decir, que no estás añadiendo algo, sino restando. Reemplazas. Es la lenta desintegración de las hebras que unidas forman tu identidad, tu conexión con tu patria, con tus seres queridos. Es una forma de exilio. Una amputación psicológica: la violencia de mutilar un pedazo de tu ser.

En octavo me gradué del programa de ISL y me pasaron a las clases normales. Pero me sentía invisible aún porque los libros que los maestros y los bibliotecarios me daban no tenían nada que ver con mis experiencias. Muchas veces me pregunté, *¿Dónde estoy yo en estas historias?*

Cuando en mi secundaria organizaron un concurso de escritura, igual que en la primaria, me obligué a escribir una historia en inglés. Quería demostrar que podían juzgarme bajo los mismos términos que a todos. Gané el primer lugar. El premio fueron dos boletos para el *Queen Mary*, un barco de pasajeros en Long Beach retirado del servicio (¡aunque al principio pensé que me había ganado un crucero!).

Ganar esa competencia me ayudó a confiar en mi capacidad de contar historias y a superar la humillación de ese primer rechazo, pero condujo a una mayor atrición lingüística, además de que afectó mi proceso creativo durante muchos años. Esto fue lo que aprendí de esa experiencia: escribe en espanol y serás rechazada. Escribe en inglés y serás celebrada y ganarás premios. El mensaje de fondo era que el inglés era el camino al éxito en Estados Unidos, y el español siempre me condenaría al rechazo, a mantenerme en la invisibilidad, por siempre "en el rincón".

A diferencia de mis padres, que llegaron a Estados Unidos de adultos, con su identidad mexicana por completo formada, yo crucé la frontera a los nueve. Mi propia identidad apenas se creaba, y tan pronto como llegué a Los Ángeles empecé a cuestionar quién era y a dónde pertenecía. Como generación 1.5 de inmigrantes —nacida en México, pero criada en Estados Unidos—, hice sacrificios y concesiones que mis papás nunca tuvieron que hacer. La *certeza* de saberse mexicanos hispanohablantes los inoculó contra la asimilación. Podían estar separados de su madre patria, pero ni de chiste los iban a separar de su idioma y su cultura. En cambio yo, una niña latina que iba creciendo en Estados Unidos, dejé el corazón enganchado en el alambre de púas entre dos lenguas, dos culturas, dos lealtades, y cada vez que intentaba elegir un bando, cualquiera de las dos opciones se sentía como querer zafar mi corazón de ese alambre, arriesgándome a desgarrarlo una vez más.

Tuve que aprender a hablar "estadounidense" o arriesgarme a vivir en los márgenes de la sociedad… en el rincón más alejado del famoso Sueño Americano. Si quería ser aceptada e incluida, estaba consciente de que tendría que sucumbir a ser conquistada y colonizada por el inglés, y el sacrificio sería mi lengua materna.

Sin embargo, pronto aprendí que incluso el dominio del inglés no aseguraba que perteneciera. En cambio, me obligaba a existir en medio de una división perpetua, cuestionándome para siempre: *¿A dónde pertenezco realmente?*

Mi complicada relación con el español aún afecta mi narrativa. En las lecturas de libros con frecuencia me preguntan si escribo en inglés o en español. Cuando les digo que *solo* escribo en inglés, seguido me topo con expresiones de shock, confusión y en ocasiones hasta crítica.

No las comparten en voz alta, pero puedo oír sus preguntas silenciosas: *¿Por qué no escribes en tu lengua materna? ¿Qué clase de mexicana eres?*

De la clase que no puede escribir en español, me gustaría decirles. De la clase que quedó tan traumatizada por la forma en que me impusieron el idioma que el *dominio del inglés* adquirió un significado más siniestro. No era que yo dominara el inglés, era que el inglés me dominaba a mí, me moldeaba y empujaba mi español hacia las sombras.

Si bien nunca perdí por completo mi español, el bilingüismo sustractivo afectó mi capacidad de hablar y escribir en mi lengua materna. Desde que ese cuento ganó primer lugar, las palabras que salen son en inglés, con apenas un rocío de palabras en español para darle sabor. Mis intentos por escribir en español han sido dolorosos. Las palabras no llegan a mí de tan enterradas que están bajo el inglés, y requiere un esfuerzo tremendo cavar entre mis recuerdos para desenterrarlas. Acabo yendo por un diccionario demasiadas veces. Me saca de ese espacio mental creativo. Las palabras solo fluyen cuando cambio al inglés, lo que me permite darles a mis personajes la atención que merecen sin que el idioma estorbe.

Avergonzada de escribir solo en inglés, hace algunos años hice el intento de traducir mis propios libros al español. No estaba calificada para traducir, pero quería usar mi lengua materna en mi escritura. Quería traducirme *a mí misma*. Fue un proceso agotador. Tantas palabras y conjugaciones verbales que ya se me habían olvidado o que ni siquiera aprendí. A diferencia del inglés, donde tengo pleno conocimiento de los tiempos verbales, en español me cuesta trabajo entender sus matices. Mi clase de español universitario no fue suficiente para ayudarme a dominar las sutilezas del idioma.*

* Evité el español en la preparatoria, opté mejor tomar francés porque era *cool*. En la UCSC descubrí y me inscribí en clases de español para hispanohablantes electivos. Esa clase era perfecta para hablantes de herencia como yo. Habíamos crecido hablando español en casa y lo entendíamos

Saber cuándo usar el pretérito en lugar del imperfecto o malabarear la intrincada danza entre "ser" y "estar" se sentía menos natural que muchas formas verbales en inglés. El panorama gramatical de mi lengua materna se había convertido en un terreno extraño, y palabras que eran familiares ahora semejaban letreros ininteligibles en el camino. Pero después de unos arduos seis meses, al fin terminé mi traducción de *A través de cien montañas*.

Poco después, en 2006, en una entrevista para Univisión con Amparo Ortiz, en su programa en español en San Antonio, anuncié con orgullo que acababa de terminar la traducción de mi propia novela. Aún deleitándome con la gloria de lo que yo consideraba todo un logro, quedé mortificada cuando Amparo Ortiz me corrigió. Había dicho algo como "¡Traducí mi libro al español yo misma!", y ella respondió muy seca "No se dice *traducí*. Se dice *traduje*". Me la pasé hecha una bola de nervios el resto de la entrevista.

Siete años más tarde, cuando traduje mis primeras memorias, para mi deleite, Jorge Ramos, el querido presentador de noticias en Univisión, me invitó a su programa *Al Punto* para hablar de *La distancia entre nosotros*. Sentí su invitación como una validación, una señal de que mi traducción al español había sido aceptada. Cuando Ramos me dio la bienvenida al programa, contesté con "Gracias por tenerme", una traducción literal del inglés, *Thank you for having me*. A lo largo de toda la entrevista traduje del inglés al español en mi cabeza, y mientras rodaban las cámaras, mi ansiedad trajo a la superficie mi lengua fantasma, esa sensación de tener las palabras en español en la punta de la lengua, pero cuando quería tomarlas, no había nada más que espacio vacío.

Ramos habló con entusiasmo de la historia que había escrito, pero tan pronto como se apagaron las cámaras, volteó y me dijo: "No hablas muy bien el español, ¿verdad?".

---

más o menos, pero existía la necesidad de aprender gramática formal y habilidades de redacción que nunca vimos en la escuela.

Aun cuando sabía que no intentaba ser descortés, y había sido muy generoso con su apoyo para mi libro, salí del estudio sintiéndome más insegura que nunca de mi español.*

Pero ahí no terminó. Con los años, los lectores me han enviado correos con listas de errores que cometí en mis traducciones: tildes que omití, verbos que conjugué mal, falsos cognados y palabras en spanglish que usé, como *la yarda*, en lugar de *el patio*. Les preocupaba tanto, que hasta indicaron los números de página.

Suelo ignorar esa clase de correos, pero un día recibí uno que no pude pasar por alto. Era de Sandra Cisneros, mi madrina literaria, la escritora cuya obra me inspiró. Sandra mencionaba haberle dado una copia de mis memorias a una amiga de México, y su amiga se sintió muy molesta.

"Tu versión en español tiene algunos dedazos o errores. ¿Lo sabías? ¿Lo revisó algún hispanohablante?", quería saber Sandra. Ella también se había decepcionado porque quiso compartir mi historia con su amiga. "Pero mi colega, una escritora mexicana, nunca terminará de leer tu gran libro porque no puede superar la cantidad de errores", me dijo.

Me sentí humillada; fue como echarle sal a la herida de mi inseguridad lingüística, pero entendí por qué Sandra se había preocupado. Las dos éramos profesionales después de todo. Nuestra obra tiene que ser de primer nivel. No le dije que, cuando mi editora preguntó quién traduciría mi libro, yo insistí en que me permitieran hacerlo por tres motivos: *1)* ver el nombre de un traductor en

---

* Entre los televidentes que vieron el programa desde casa resultó estar mi madre. Después de que saliera al aire la entrevista, me llamó por teléfono y me dijo: "Creo que sí voy a leer tu libro porque Jorge Ramos dice que es bueno". Fue la primera vez que mi madre leyó una de mis historias. ¡Y se lo debo a Jorge Ramos! Y por suerte para mí, Jorge me invitó por segunda vez a su programa, cuando se publicó *Corrido de amor y gloria* (no traducido por mí). La entrevista se grabó con antelación por Zoom y no me sentí tan nerviosa.

la portada de mi libro sería vergonzoso; *2)* ¿cómo podía decir que el español era mi lengua materna si necesitaba un traductor?, y *3)* si mi libro se publicaba en México, ¿cómo podía explicarles a mis compatriotas que me estaban leyendo traducida, y además una traducción que no era mía?

Los errores en mis traducciones al español eran tejido cicatricial, un recordatorio constante de aquel desgarre, de la pérdida permanente de lo que alguna vez fue. Y sin embargo, también eran un intento por remendar esa parte de mí.

Cuando terminé mis segundas memorias, *La búsqueda de un sueño*, mi editora mencionó la posibilidad de una traducción al español. Yo quería hacerla, pero me dio miedo preguntar. Pensé en el correo de Sandra y en todos los demás correos que había recibido de mis lectores, ofendidos por mis equivocaciones. Mi editora y mi agente me convencieron de no traducirla esta vez.

—Deberías enfocarte en tu siguiente libro —sugirieron.

No me resistí. Me sentía insegura y avergonzada. Tenían razón. Debería dejar que los profesionales hagan lo que yo nunca podría: una traducción perfecta. Mi editora contrató a un traductor que vivía en la Ciudad de México y eso fue todo. Me sentí decepcionada, pero aún peor, sentía que de nueva cuenta había traicionado mi lengua materna.

La vergüenza que sentía por mi español no se trataba meramente de los errores gramaticales, sino de mis más profundas inseguridades: el miedo a ser juzgada, a no ser "suficiente", a fracasar en mi intento por cumplir las expectativas de otros y las mías. Cada palabra olvidada se sentía como una traición. Esas emociones empeoraron unos meses después, cuando me entregaron mi libro. Ya no sentía que me perteneciera a mí. ¡No podía reconocer mi propia historia! La voz era tan ajena, el lenguaje tan difícil de descifrar, que de nueva cuenta recurrí al diccionario, aunque ahora por la razón contraria: estaba buscando las palabras en español para entender su significado en inglés.

Me aturdían palabras como *beneplácito, rutilante, urdido, aspeado, edredón, contubernio, apabullante, escudriñar, acérrimas, fehaciente, engullido, féretro, herrumbre*... No pude dormir esa noche, dando vueltas en la cama con una tremenda sensación de pérdida.

Estas son las palabras que desconozco; esto es lo que perdí cuando emigré.

Imaginé un universo alterno donde, en lugar de migrar a Estados Unidos, me quedaba en México y cursaba ahí la escuela hasta la universidad. *Esas palabras serían mías si me hubiera quedado*, me dije a mí misma. Pero la realidad es que, aun si me hubiera quedado en México, esas palabras no serían mías. Mi familia era tan pobre en México, que yo nunca hubiera llegado a la universidad.

Pasé más de doscientas horas revisando la traducción de *La búsqueda de un sueño*, añadiéndole mi voz. Mi editora no estaba segura de permitirme hacer cambios, temiendo que introdujera errores.* Pero mi meta no era una traducción impecable, sino un libro que resonara con mi voz auténtica, que abrazara las imperfecciones del español de mi juventud. La versión traducida, si bien quizás era impecable, se sentía tiesa, demasiado académica, y yo simplemente no hablo así. No era una cuestión de errores, sino de autenticidad. Por ejemplo, en lugar de *Tuve que hacer acopio de cada gramo de fuerza en mí para impedir que las lágrimas me vencieran*, lo simplifiqué a: *Tuve que encontrar la fuerza en mí para impedir que las lágrimas se me salieran*. O, *aún me sentía extranjera, especialmente aquí en Santa Cruz, donde forcejeaba con las sensaciones de aislamiento, soledad y otredad*, que cambié por: *donde me sentía tan aislada, sola y excluida*.

Puedo aceptar que mi español —y ahora mi libro— es imperfecto. Pero no puedo aceptar el hecho de no intentar reclamar lo

* Así que contraté a un traductor independiente para que corrigiera cualquier error que pudiera cometer y me diera sugerencias sobre cómo reescribir mejor algunas de las oraciones rebuscadas y exageradas.

perdido, el lenguaje que moldeó mis primeros pensamientos y mis sueños… mi lengua materna.

El inglés es importante para pasar exámenes en la escuela y para conseguir trabajo. Pero el inglés también corta el cordón umbilical con nuestra lengua materna, con nuestras madres.

—JULISSA ARCE[2]

Perder mi lengua también se volvió un punto sensible en casa; afectó mi relación con mi familia, sobre todo distanciándome de mi madre, que nunca aprendió inglés.

Ella permaneció cercana a su comunidad, evitando la cultura predominante. A diferencia de mí, nunca tuvo una crisis de identidad. De adulta entendí que la certeza que tenía en su identidad la protegía de las presiones de la asimilación y la aculturación. Pero como una niña recién "americanizada", yo vi la renuencia de mi madre a aprender inglés como una debilidad y un fracaso, alimentando mi opinión de ella como ignorante y retrógrada.

—¿Por qué no vas a la escuela de adultos y aprendes inglés? —le reclamábamos mis hermanos y yo.

Mi madre sacudía la cabeza, aterrada de nuestra sugerencia.

—El inglés no se me pega.

Eso es lo que siempre decía, su voz tintada de frustración y resignación. No era solo que no pudiera aprender, sino que no *quería* cambiar. Se aferró a su español como si fuera un salvavidas, una forma de permanecer conectada con quien ella era antes de cruzar la frontera.

Yo, por el otro lado, me enorgullecía de hablar un idioma que mi mamá no podía hablar. Estaba demasiado ciega para ver en aquel entonces que no solo estaba perdiendo la lengua que compartía con mi madre, sino una parte de ella que aún tenía. Después de que la migración, la separación y su divorcio de mi padre me la habían arrebatado casi por completo, el idioma amenazaba con ser el último vínculo que me conectara con ella.

Mi relación con mi madre se afectó más cuando dejé Los Ángeles para cursar mi educación superior. Al ser la primera de mi familia que se graduaba de la universidad, alcancé un nivel de éxito y movilidad social que no estaban disponibles para ella. Esto creó cierta distancia entre nosotras, subrayando el agudo contraste entre mi recién encontrado "lugar" en la sociedad estadounidense y su persistente marginalización. Se volvió aún más difícil encontrar un punto medio, y nuestros momentos juntas se volvieron cada vez más incómodos. Hasta encontrar las palabras en español para con tarle mis experiencias como estadounidense angloparlante se volvió un reto.

Cuando estaba en la universidad, quería contarle de los libros que leía, de las ideas que estaban ampliando mi mundo. Pero las palabras en español para conceptos como simbolismo o arco narrativo se sentían extrañas en mi boca. Al ver la confusión en sus ojos o su falta de interés, el surco entre nosotras se expandía. No era el lenguaje nada más, sino un mundo entero lo que no podía compartir con ella. Cuando me convertí en escritora, ¿qué podía decirle de mis batallas para darle sentido a la estructura de mi novela, de mi miedo por no encontrar un agente o, una vez publicada, de la presión que sentía por cumplir las expectativas de mis lectores? Cuando me volví conferencista, ¿qué podía decirle de la ansiedad que sentía por la ponencia que tenía que dar en una próxima conferencia sobre educación, de lo exhausta que estaba por viajar de ciudad en ciudad para desnudar mi alma frente a extraños, de la responsabilidad que sentía al representar y defender a mi comunidad latina adonde quiera que fuera?

Mi madre nunca supo nada de eso, así que yo no dije nada. En cambio, nosotras hablábamos del precio del cartón en el mercado, de nuestros parientes en México, de cuánto costaban los jitomates. Cuando me quedaba sin más que decir, simplemente hablábamos del clima. Todo lo que nos decíamos carecía de importancia, como si fuera una mera conocida que me hubiera topado por casualidad, en lugar de la mujer que me trajo al mundo.

Reyna, Eva y Nathan

Los lectores que asisten a las presentaciones de mis libros tienen otra pregunta para mí, una que también me provoca vergüenza: *¿Tus hijos hablan español?*

—Sí… y no —es lo que siempre respondo—. Es complicado.

Dado que pienso, hablo y escribo principalmente en inglés, no les pude enseñar español a mis hijos. Intenté infundirles el orgullo de su herencia mexicana a través de las celebraciones, la comida, la música y el baile. Pero para mi vergüenza, los crie en un hogar donde estaban expuestos sobre todo al inglés. Sentía tremendo el esfuerzo de hablarles en español, y de cierta manera, la pena constante de hablar mi lengua materna me pesaba todavía, y seguía pensando que el inglés era la única vía hacia la aceptación y el éxito.

Me di cuenta de que la única vez que les hablaba a mis hijos en español era cuando estaba enojada y les gritaba. "¿Qué están haciendo, chamacos?". Tal vez porque yo crecí en una casa donde mis padres gritaban en español, cuando tengo que gritar es el único momento en que el idioma fluye sin esfuerzo, cuando la ira supera la vergüenza.

Mi hijo, Nathan, no habla español más allá del nivel uno. Desafortunadamente, la zona de Los Ángeles donde vivíamos cuando iba en primaria no tenía un programa bilingüe, aun cuando (o quizás debido a que) 70 por ciento de su cuerpo estudiantil era latino. El bilingüismo es un don que pude haberle dado, pero me di cuenta hasta muy tarde que sí se trataba de un don. En cambio, lo convertí en un niño que dice *no sabo*, y al hacerlo lo sometí al mismo ridículo y la misma exclusión que yo experimenté, solo que ahora por *no* hablar español.

Me partía el corazón ver a mi hijo incapaz de interactuar con mi madre. O cuando fuimos a mi pueblo en México, no pudo hablar con ninguno de nuestros parientes y vecinos, sobre todo niños de su edad. Después se frustraba y me decía: "Ya no quiero volver a México". Veía mi propia infancia reflejada en sus ojos, la misma sensación de ser un extraño, perdido entre dos mundos. Me sentí terriblemente culpable porque, al no haberle enseñado español, debilité su conexión cultural, su sentido de pertenencia a la comunidad mexicana, donde desafortunadamente la medida de la latinidad es el dominio del español.

En 2018, cuando me invitaron a San Miguel de Allende para una presentación, convencí a mi hijo —de dieciséis años en aquel entonces— de acompañarme a México.

—Hay tantos gringos viviendo ahí, que no tendrás problemas para comunicarte —le prometí.

Irónicamente, la presentación que me pidieron dar en mi propio país natal *tenía* que ser en inglés. El público estaba compuesto, en su mayoría, por jubilados blancos angloparlantes. (Se estima que 1.5 millones de ciudadanos estadounidenses viven en México).[3] Después de la ponencia fuimos a cenar con algunos de ellos. Todos ahí hablaban inglés, excepto una hermosa jovencita que solo hablaba español. Se sentó junto a Nathan, y él se pasó toda la cena mandándome sus quejas por mensaje de texto:

> Mamá, ¿por qué no me enseñaste español? Estoy sentado junto a un ángel ¡y no puedo hablar con ella!

Yo solita arruiné la posible vida amorosa de mi hijo en México, y cuando volví a pedirle que me acompañara se negó rotundamente.

El español de mi hija era igual de limitado que el de mi hijo. Por suerte para Eva, cuando estaba en segundo grado nos mudamos a Davis, California, donde la escuela local tenía un programa bilateral de inmersión al español, aun cuando (o quizás debido a que) la ciudad es 50 por ciento blanca. Mi hija no quería inscribirse al programa, pero no le di opción.

Dado que entró a la mitad del segundo año, y no desde el kínder, tuvo que hacer un examen de colocación. A duras penas lo pasó, ya que hablaba solo palabras aisladas, como *agua*, *leche*, *abuela*, *mamá* y *papá*, no oraciones completas. La incluyeron en una clase con una mezcla de hablantes nativos de inglés y español. Dos maestros se turnaban para dar la clase, pasando una parte del día con instrucciones en español y la otra en inglés, con libros disponibles en ambos idiomas. Aun así, yo no sabía si estaba aprendiendo o no, porque incluso cuando hacía un esfuerzo extra por hablarle en español, ella siempre me contestaba en inglés.

—Háblame en español —le exigía. Pero no salía nada en español de su boca.

Seis meses después me invitaron a visitar el salón de Eva para ver su proyecto final: una presentación de PowerPoint de veinte minutos sobre los insectos espina… ¡en español! En seis meses, mi hija había aprendido español, sin perder su lengua materna, y lo mejor, ¡casi sin nada de trauma ni de drama! La celebraban por el mismo bilingüismo por el que a mí me habían castigado. En su salón no había rincones ni pilas de rechazados. Nunca la partieron en pedazos, sino que la remendaron por completo.

Yo esperaba que algún día me agradeciera su bilingüismo. Esa gratitud llegó mucho antes de lo que había imaginado. Más tarde ese mismo año, cuando la llevé a México para visitar a mis parientes en diciembre, le encantó poder cantar a coro todas las canciones de Navidad y hablar sin dificultad con todos ahí, incluyendo su propia abuela. Verla hablar con mi mamá fue como ver un puente construirse entre generaciones. Luego, mientras íbamos caminando Eva y yo de la mano por una calle empedrada, levantó la vista y dijo: "Gracias, mami, por meterme a ese programa". Esas pocas palabras fueron un recordatorio de que la lengua puede conectar lo mismo que dividir.

No solo es bilingüe ahora, sino bicultural. Siguió tomando clases de español como materia adicional toda la secundaria y la preparatoria, al grado de sacar 5 en su examen de español avanzado y se enlistó en una clase optativa de español a nivel universitario. Cuando se gradúe de la preparatoria, Eva recibirá un sello de bilingüismo del estado de California, un sello dorado en su certificado en reconocimiento a su alto nivel de dominio para hablar, leer y escribir tanto en español como en inglés.* Me da gusto que su viaje

* California fue el primer estado en ofrecer el Sello Estatal de Bilingüismo, otorgado por el Departamento de Educación estatal.

hacia convertirse en bilingüe fuera lo opuesto al mío, uno que no le pidió sacrificios ni eliminaciones, ni acabó mutilando ninguna parte de ella.

En cuanto a mí, seguiré remendando mi lengua materna, palabra tras palabra, una frase tras otra. No pretenderé que esa amputación nunca se dio; en cambio, honraré mi cicatriz. Y en esta labor de remendar no solo reclamo una lengua, sino una manera de sentirme completa.

Hasta aquí y nada más

No tenemos tanta verdad que contar a menos que entremos a esos cuartos... los que nos dicen que están prohibidos.

—ANNE LAMOTT[1]

Escribe tu verdad es un adagio literario muy conocido, una variación de *expresa tu verdad* o *vive tu verdad*. Yo me he peleado con esas palabras. ¿Qué significa escribir la verdad de uno? ¿Y qué peligros se esconden en esa búsqueda? Para mí, escribir mi verdad me obligó a descubrir quién soy, fuera y dentro de la página.

La verdad de la ficción

Cuando empecé a escribir mi primer libro, *A través de cien montañas*, quería abordar las complicadas verdades de mi niñez, encontrar una manera de sanar a través de la escritura. Pero los recuerdos eran astillas puntiagudas que me cortaban cada vez que las tocaba: la pobreza durante mi infancia en México, la desgarradora separación de mis padres cuando se fueron a Estados Unidos, una familia fracturada por el silencio y la ausencia. Cuando se marcharon, mi temor más profundo era no volver a verlos nunca más. Muchas veces me pregunté: *¿Y si se olvidan de mí, y si quieren abandonarme, y si me cambian por otros niños que nacieron en Estados Unidos?*

Por fortuna, mi padre no solo volvió, sino que también nos trajo a mis hermanos y a mí con él a Estados Unidos. Pero algunas preguntas aún me acosan: ¿Y si mi padre nunca hubiera regresado? ¿Y si la frontera, esa vasta distancia que nos separaba, se hubiera vuelto una división permanente? ¿Quién sería hoy? Como Kavita Das observa en *Craft and Conscience*: "Quienes cruzan hacia otra cultura a temprana edad a menudo se preguntan... '¿Quién pude haber sido si mi familia nunca hubiera emigrado?'. Estamos hechos para especular, para imaginar múltiples finales posibles".[2]

La imagen que me atormentaba más era la de una niñita esperando a perpetuidad, sus ojos fijos en el horizonte, anhelando un padre que nunca vendría. Así que, en lugar de la vida que viví, escribí una novela sobre la vida que *pude* haber tenido. Una niña abandonada por su padre, buscándolo a través de ese paisaje inmenso e implacable. No era solo una ficción; era la expresión de mis más profundas ansiedades, un universo paralelo donde ahora mismo quizás otra versión de mí podría continuar en esa eterna y desoladora búsqueda. A través de la ficción especulé sobre un camino distinto para mi vida, mientras seguía expresando la verdad emocional de mis experiencias. Cada dolor por la ausencia de mi padre, cada miedo al abandono está tejido en las páginas de *A través de cien montañas*.

La verdad hecha memoria

La ficción me permitió explorar verdades emocionales con seguridad. La experiencia entonces me condujo a enfrentar mi narrativa personal directamente a través de los recuerdos. Después de mis primeras dos novelas, al fin estuve lista para dar un paso adelante como la protagonista de mi propia historia, y dejar de esconderme detrás de mis personajes.

Escribir *La distancia entre nosotros* me obligó a hurgar todavía más hondo y enfrentar lo bueno, lo malo y sobre todo lo feo de mi vida. En la ficción, exploré esos "hubiera". Las memorias, sin embargo, exigían un ajuste de cuentas con la verdad pura y llana de lo que *fue*. Tuve que abrir heridas. Tuve que ser valiente.

A diferencia de la ficción, las memorias no ofrecen ninguna clase de regulador emocional. No te puedes decir a ti misma: *Esto le está pasando a tu personaje, no a ti.*

¡*Tú* eres la protagonista! No hay manera de mirar para otro lado.

Excavar en mis recuerdos cobró un precio emocional. Revisitar momentos vulnerables y dolorosos me dejó en carne viva y expuesta. Algunos días tuve que alejarme del teclado, incapaz de confrontar aún más mi pasado.

Escribir una memoria fue transformador. Moldear mi historia de vida en una narración fue más que una labor narrativa. Fue el inicio de mi curación. En *El cuerpo lleva la cuenta*, el doctor Bessel van der Kolk menciona que "es enormemente difícil organizar las experiencias traumáticas de uno en un recuento coherente, una narrativa con un principio, una mitad y un final".[3] ¡Aquí estaba! Este era el trayecto sobre el que estaba, encontrándole un sentido a mi pasado. Al inicio, abrumada por el dolor y la vergüenza, el acto de escribir forzaba una nueva perspectiva. Empecé a ver a esa niña asustada, a esa adolescente perdida, no con vergüenza, sino con una profunda compasión, como parte de la mujer en la que me estaba convirtiendo.

Aunque ser protagonista de mi propia historia también significaba hacerme cargo de mi proceso de sanación, comprendí que escribir no era simplemente una cuestión de sanar. Nunca perdí de vista el hecho de escribir una historia que se fuera a publicar.* Como Melissa Febos nos recuerda: "Ser sanado por la escritura no es excusa para el trabajo extravagantemente duro de hacer buen

* Vendí *La distancia entre nosotros* a partir de una propuesta y unos cuantos capítulos de muestra. Así que desde el inicio del proceso supe que se iba a publicar. Estaba bajo contrato.

arte...".[4] Escribir para sanar es una liberación sin filtro, pero escribir para lectores requiere ser consciente del ritmo, la estructura, la narrativa y el arco de los personajes.

Me sentí agradecida de haber llegado a mis memorias siendo novelista. Hizo toda la diferencia. Poseía una serie de herramientas —comprensión de la trama, los personajes, el entorno y los temas— que me permitieron abordar el material tan crudo de mi vida. Si bien al principio batallé para ver mi pasado en términos de un "arco narrativo" y "puntos en la trama", pronto me di cuenta de que mi vida sí tenía momentos decisivos que me moldearon. Identifiqué el incidente inicial, el punto medio y el clímax, dándole al libro una forma sólida en dos partes: la primera establecía nuestra separación física, la segunda exploraba la distancia emocional que persiguió a mi familia incluso después de habernos reunido.

Muy al principio, mi más grande batalla fue qué incluir en las memorias. Un novelista empieza con una página en blanco, pero alguien que escribe desde su memoria empieza con todo, una vida entera de recuerdos enredados. Al inicio, el manuscrito tenía poco momentum porque intenté incluir cada evento. "Esto pasó, y luego esto pasó, y luego, y luego...". Tuve que aprender que unas memorias no son una colección de recuerdos; todo está en el arte de la selección. Cada recuerdo incluido debe servir a la narrativa central porque lo que eliges dejar fuera es lo que le da su forma a la historia. Como un escultor cincelando el mármol, nosotros tallamos nuestra narrativa. Cada golpe del cincel determina qué recuerdos conservar, desechar, suavizar o afilar para encontrar la forma oculta de la historia.* Es cuestión de hallar el núcleo emocional de esas

* Al moldear mi memoria tuve que tomar decisiones difíciles sobre qué omitir. Por ejemplo, pude haber incluido más escenas sobre el abuso que mi abuela paterna infligió sobre mí y mis hermanos, pero eso habría sobrecargado la narrativa con repetición y habría diluido el impacto emocional. En cambio, elegí enfocarme en unos cuantos incidentes clave

experiencias, modelándolas en una narrativa que resuene con nuestra comprensión única del mundo. Y quizás, en un acto de modelaje, nos acercamos más a la comprensión no solo del pasado, sino de nosotros mismos.

Hablar o no hablar

Escribir diálogos tiene sus propios retos con "la verdad". La vida, después de todo, no viene con una transcripción. *¿Cómo es posible que recuerde cada palabra?* Esa pregunta me acosaba mientras lidiaba con los diálogos en mis primeras memorias. Obligada a escribir con la verdad, me negaba a usar una licencia creativa para reconstruir conversaciones. Pero entonces me dijo un profesor de redacción que la verdad no yace en las palabras exactas, sino en capturar el espíritu de la conversación: la cadencia de una voz, la emoción subyacente de un intercambio. Desde ese momento, permití que todos mis personajes hablaran, sus voces mezclándose con mi memoria y mi imaginación. Tal vez no recuerde la frase precisa que usaba mi padre cuando me regañaba, pero sí recuerdo la agudeza en su voz, la crueldad de sus palabras. ¿Decía "Vas a ser una fracasada" o decía "Vas a fracasar"? Las palabras exactas quizás se perdieron con el tiempo, pero la sensación —el filo en su voz que implicaba que yo era un fracaso— permanece. Procuro capturar esa verdad emocional en el diálogo.

Mi meta es menos sobre una transcripción perfecta y más sobre compartir la esencia de una persona y la dinámica de nuestra relación. Subraya que mi "verdad" es una interpretación, la recreación

---

que encapsularon la dinámica emocional entre nosotros. En esencia, lo que elegí *dejar fuera* se volvió una forma de *enfatizar* lo que quería que el lector comprendiera sin pegarle en la cabeza con ello.

de un pasado filtrado a través de mi memoria y mis sentimientos. Por supuesto, como otro maestro de redacción me recordó, no todos tomamos las mismas decisiones narrativas. Cada memorialista debe crear su propio contrato con la verdad. Pero dado que la memoria humana no es confiable, nuestra verdad, ya sea que estemos usando una licencia creativa o no, también es poco confiable. Les ofrecemos a los lectores tanto nuestra verdad como la construcción de una narrativa.

Mi versión

A menudo me preguntan: "¿Cómo es posible que te acuerdes de todo eso?". La respuesta es simple: no lo recordaba todo. Me ayudaron. Escribir mis memorias fue la búsqueda de mi verdad, pero su construcción fue una labor colectiva. Mis hermanos me ayudaron a llenar los huecos en mi memoria. No hubiera podido lograrlo sin ellos. Como dice Victoria Chang: "La memoria es mía, pero también se aferra a la memoria de otros".[5] Esta profunda experiencia compartida, en especial al navegar historias dolorosas, me trae a la mente lo que la teórica de trauma Cathy Caruth quiere decir con "el trauma de uno está amarrado al trauma del otro".[6]

Si bien nuestro trauma colectivo nos une muy en lo profundo, mis hermanos y yo tenemos recuentos diversos de las experiencias compartidas. Cada uno recuerda nuestra niñez de distinta manera. Por ejemplo, todos tenemos presente la misma pérdida: el Atari que nos regaló un vecino amable, y que luego nos quitaron, pero quién se lo llevó cambia. Mi hermano dice que nuestro padre, frustrado por vernos perder el tiempo, lo tiró a la basura. Yo recuerdo que nuestra madrastra se lo regaló a sus propios hijos. La emoción central de la pérdida es la misma, aunque los detalles se moldeen a partir de nuestra propia perspectiva.

Es una verdad universal: la memoria es subjetiva. Como Amy Tan escribe: "Y esa, creo, es la clase de memoria que simultáneamente es la menos confiable *y* el elemento más auténtico que un escritor puede infundir a su obra".[7] Para el memorialista, esta subjetividad no es un defecto, sino la naturaleza del género. Nuestra verdad recae no solo en lo sucedido, sino en cómo elegimos recordarlo.

Mi versión se da en la página, no como la única verdad ni la más precisa, sino como la más auténtica. Como declaró con toda astucia Gore Vidal: "Las memorias son como uno recuerda su propia vida".[8] El énfasis aquí se encuentra en "como *uno* recuerda". Es un acto personal de filtrar y dar forma.

Escribir es un acto de revisión constante. Con cada palabra y cada escena elegidas con cuidado, esculpimos una verdad que es tanto personal como universal. El manuscrito que compartimos con los lectores no es solo un recuento de recuerdos, sino una historia forjada en el servicio de esa auténtica verdad.

Revelación de límites

Cuando escribimos nuestra verdad, debemos considerar qué tanto compartimos.

He estado forcejeando con los límites desde 2018, después de un encuentro interesante con otro memorialista. En la Feria del Libro de Texas, en Austin, estuve en un panel con Jose Antonio Vargas, quien se había declarado indocumentado siete años antes, inspirando a muchos otros estadounidenses indocumentados, en especial gente joven, a revelar su estatus. Él estaba ahí para promover *Querida América: Notas de un ciudadano indocumentado*, y yo estaba ahí para hablar de *La búsqueda de un sueño*, secuela de *La distancia entre nosotros*. Nuestra moderadora, Jean Guerrero, periodista y memorialista también, hizo una labor excelente al preguntarnos sobre nuestros libros.

A lo largo del panel, noté una diferencia en nuestras perspectivas. Cuando nos hicieron preguntas personales, yo contesté como siempre lo hacía al escribir y al hablar en público: mencioné "el hueco en mi corazón", convirtiendo mi dolor privado en una narrativa pública, creyendo que mi vulnerabilidad era mi contrato con el lector. En cambio, Vargas se enfocaba sobre todo en la política migratoria, la historia, las estadísticas y la política.

En algún momento durante el panel, nuestra moderadora le preguntó:

—Jose, no has visto a tu madre desde que eras un niño. ¿Puedes comentar un poco al respecto?

—No —contestó él con una risa nerviosa.

Me dio curiosidad saber de sus sentimientos, enterarme de que su madre seguía en Filipinas y él había estado en Estados Unidos por veinticinco años.* Abordó brevemente la pregunta y luego dirigió la conversación de vuelta al punto político, discutiendo cómo los niños son detenidos y cómo nuestros impuestos financian los centros de detención.

Al terminar el panel, mientras nos acompañaban hacia nuestra tienda para firmar libros, estaba decidida a saber más de sus sentimientos; sí, admito que estaba siendo metiche, pero también esperaba que nos uniera esa "herida materna". Me volví hacia él y le pregunté:

—¿Por qué no comentaste más sobre tu madre?

Me miró directo a los ojos y dijo:

—Yo ya di todo lo que estoy dispuesto a dar. —Y siguió caminando.

---

* En 2025, después de una separación de 31 años, al fin se reunió con su madre cuando le aprobaron a ella su permiso de residencia, un evento feliz que compartió en línea.

Sus palabras me pegaron con toda la fuerza de una revelación. *Espera*, quería decirle. *¿O sea que es una decisión? ¿Podemos elegir hacerlo?* Este descubrimiento me hizo cuestionar la vulnerabilidad que había equiparado antes con autenticidad. Empecé a reflexionar sobre el verdadero costo de tal apertura, tanto para mí como para otros, lo cual me condujo a una consideración más profunda de dónde deberíamos pintar la raya. Por años creí que las memorias exigían una divulgación total, permitir al lector entrar en tu espacio personal y nunca mantenerlo a distancia.

Me sentí dividida. ¿Qué clase de límites podía establecer una escritora?

Me carcomía la duda al revisar mis memorias. ¿Había cruzado una línea? ¿Había revelado demasiado? Mi viaje hacia la memoria era instintivo, alimentado más por mi pasión que por un entrenamiento formal. Tanto mi título de licenciatura como mi maestría son en ficción. Nunca tomé una clase de creación literaria de no ficción y tampoco había leído muchas memorias antes de escribir *La distancia entre nosotros*. Me atraían los autores que escribían con candor, y me frustraban los libros que sentía a la defensiva o evasivos, donde el autor parecía bailar entre verdades difíciles. Yo confundí esto con una falta de honestidad o de valor. Lo que no pude ver fue que ese valor se manifiesta de dos formas: la valentía de exponer tus traumas más grandes y la valentía idéntica de protegerlos. No había aprendido aún que establecer un límite puede ser tan poderoso como desnudar tu alma.

¿Qué le debía yo a mi lector? Por años creí que la respuesta era "todo". A lo mejor llevé la indicación de Anne Lamott muy lejos: "Vas a tener que dar y dar y dar, o no hay razón para que escribas. Tienes que dar desde el espacio más hondo en ti, y vas a tener que seguir dando...".[9] Cada decisión que tomé como autora servía a una "verdad más profunda", exigiendo honestidad absoluta. ¿Cómo podía invitar a alguien a mi vida y luego prohibirle entrar a ciertos lugares? Decirle *Hasta aquí puedes pasar* se sentía como una traición. Hasta que conocí a Vargas no me había permitido siquiera considerarlo. Mi manera de abordar mis memorias fue básicamente una cirugía a corazón abierto, y yo misma le entregué al lector no solo el bisturí, sino hasta la sierra.

Otras verdades que compartir

¿Qué sucede cuando, en la búsqueda de tu propia verdad, expones sin querer la de alguien más? ¿Dónde está la línea entre la autoexpresión auténtica y la violación de la privacidad ajena?

Me di cuenta de que, mientras buscaba "escribir mi verdad" en *La búsqueda de un sueño*, violé dolorosamente la confianza de uno de mis hermanos. Impulsada por lo que yo consideré una necesidad de honestidad, me faltó visión para darme cuenta de que sentirían como una traición pública que compartiera detalles de su vida privada. Simplemente no consideré el daño que mis palabras pudieran infligir, cómo afectarían la vida de mis hermanos y sus relaciones. Fue una dura llamada de atención aprender a reconocer que otras personas también tienen derecho sobre sus narrativas y sus emociones.

Con mis primeras memorias, *La distancia entre nosotros*, no tengo remordimientos de este estilo, aunque haya molestado a algunas de mis tías. Se ofendieron por cómo representé a mi abuela paterna, argumentando que la pobre mujer estaba muerta y yo debí "honrar su memoria". Cuando una tía me acusó de contar solo mi lado de la historia, quise responderle: *¿No se tratan de eso las memorias?* Además, ¿cómo podía honrar una memoria construida a partir del ardor de sus palabras y de su cinturón?

Es el clásico dilema de una escritora de memorias. Me consuela el famoso consejo de Anne Lamott de que eres dueño de todo lo que te pasa, y si las personas quieren que escribas con cariño sobre ellas, deberían haberse portado mejor.[10] Pero mi intención nunca fue vengarme. Me inclino más hacia la sabiduría de Melissa Febos, quien nos advierte que "la crueldad rara vez culmina en una buena redacción" y nos aconseja intercambiar la crueldad por una verdad mayor.[11] Mi meta siempre ha sido dar testimonio de mi propia experiencia, no buscar retribución, aun si fuera merecida.

Es un baile delicado contar mi verdad mientras respeto que los demás tienen la suya, y escribir con honestidad sobre quienes me han lastimado, pero sin crueldad. Reconozco la ventaja que tiene mi historia publicada por encima de las memorias privadas: un privilegio que ellos, y mi abuela difunta, que en paz descanse, no tienen. La cuestión que ahora enfrento es cómo mantener la autenticidad mientras trazo las líneas que mi familia y yo merecemos.

Creo que es posible.

Un recorrido por la casa

Un año después de ese encuentro con Jose Antonio Vargas en la Feria del Libro de Texas, el Comité del Paseo por la Historia de mi ciudad nos pidió a mi esposo y a mí que fuéramos parte del recorrido histórico anual. Nuestra casa, una hermosa construcción victoriana de estilo italiano de 1873, tiene un jardín enorme lleno de árboles frutales, toda clase de flores y una hortaliza con mesas de cultivo. Cuando aceptamos, alguien del comité vino a darnos más información sobre lo que implicaría el recorrido y preguntó qué habitaciones quedarían fuera de límites para las más de cien personas que entrarían a nuestra casa.

—Depende de ustedes; lo que los haga sentir cómodos —dijo.

Mi primer instinto fue abrir las puertas de par en par y decir: *Que deambulen a su gusto. No tengo nada que ocultar*. Luego, después de

La casa victoriana de Reyna, Woodland, California

tomarme el tiempo de considerarlo y hablar con mi esposo, decidimos permitir el acceso a los espacios externos y a todas las habitaciones de la casa, excepto nuestra recámara y la de los niños, un límite que señalamos para proteger nuestro espacio personal.

El recorrido histórico fue un éxito. Después pensé en ese encuentro con Vargas y me di cuenta de que tenía razón, *sí* es posible que, incluso al darles la bienvenida a los lectores en la narrativa de tu hogar, puedas decir: *Este cuarto está prohibido*. El recorrido en la casa se convirtió en una metáfora de cómo uno podría abordar sus memorias. Así como deliberadamente elegí cerrar nuestras recámaras, ahora soy más consciente del derecho del memorialista a cerrar ciertas "habitaciones" de su historia personal, las cuales podrían representar relaciones sensibles, recuerdos dolorosos o pensamientos íntimos que el autor elige mantener privados. Podríamos insinuar su presencia sin revelar todos los detalles. No se trata de ocultar parte de la verdad, sino de ejercer control sobre qué tanta verdad decidimos compartir. Se trata de respetar la privacidad de otros y nuestra necesidad de un espacio personal mientras les ofrecemos a los lectores una experiencia auténtica y significativa.

Ahora entiendo que, al escribir nuestra verdad, acordamos las fronteras. Podemos ser intencionales sobre lo que revelaremos y lo que no, sobre qué tanto de nosotros estamos dispuestos a y somos capaces de dar. Tal vez no ofreceremos todo, pero lo que sea, será suficiente.

Mestiza

Cory y Reyna con Eva de bebé

ESCENA 1

Escenario: Una sala sencilla con muebles de distintos estilos. El sol de la tarde se cuela a través de la ventana. REYNA, 31, toma el teléfono y llama a su MADRE.

REYNA
Hola, Ma, quería darte una buena noticia.

MADRE
A ver, dime. ¿Qué hay de nuevo?

REYNA
¡Cory y yo vamos a tener un bebé!

MADRE
¿A poco? ¡Ojalá el bebé salga con los ojos azules!

(un momento)

REYNA
Mejor esperemos que esté sana, ¿no?

Escucho cómo cuelga el teléfono y, ante el silencio en la otra línea, una parte de mí quiere marcarle a mi mamá de nuevo. Quiero hablarle de genética, desentrañar juntas las complejidades del racismo interiorizado y cómo el sistema de castas colonial nos persigue hasta el día de hoy. Quiero que exploremos juntas la verdad más profunda de su comentario. Luego me doy cuenta de que no es la clase de conversación que pueda tener con mi madre, así que dejo el teléfono.

Mi genealogía, de la cual 72.8 por ciento está conformado por linajes de pueblos indígenas, es un marcado contraste frente a la de mi esposo, de ascendencia finlandesa, escocesa y alemana, de donde salieron esos ojos azul claro y su piel blanca. Si bien no me criaron en una comunidad indígena, estoy aprendiendo a lucir mis características con orgullo. Busco activamente comprender mi cualidad de indígena para reparar un linaje cercenado por siglos de supresión. Pero para mi madre, ese linaje ancestral está roto sin remedio y no tiene ningún interés en repararlo.

ESCENA 2

Escenario: Una recámara con una cama y una cuna de bebé al lado. REYNA, 32, sostiene en brazos a su hija recién nacida, EVA, envuelta en una manta calientita. Su MADRE, 58, se sienta junto a la cama, mirando a la bebé.

MADRE
¡Ay, qué linda está!

REYNA
(sonríe, exhausta, pero feliz)
Y sana.

La MADRE acaricia la mejilla de EVA con un dedo lleno de arrugas.

MADRE
Qué lástima que no sacó los ojos azules.

La sonrisa de REYNA se borra.

REYNA
¡No otra vez con eso!

MADRE
¿Qué? Los ojos azules son bonitos. Como los de… esas estrellas de las telenovelas. Edith González. Erika Buenfil. ¡Verónica Castro!

REYNA suspira. Ajusta con cuidado a EVA en sus brazos. Se percibe un silencio incómodo en el aire.

MADRE
Bueno, a lo mejor se le va a aclarar el cabello. A veces pasa.

REYNA mira a su hija y los mechones de cabello oscuro que enmarcan su rostro. Mira a EVA a los ojos, dos caniquitas brillantes de color café claro.

REYNA
Tú eres perfecta tal y como eres. Una mezcla perfecta de tu mamá y tu papá.

La MADRE desvía la mirada.

Mi madre no solo deseaba que mi bebé tuviera los ojos de un color diferente. Inconscientemente estaba articulando una profunda herida colonial transmitida a lo largo de generaciones. Esta herida es el centro del colorismo, un veneno arraigado en la conquista española de México. Los españoles impusieron un cruel orden social llamado "sistema de castas", nacido de su desagrado por la gente indígena y que se usó para clasificar a todos a partir de su sangre. Esta brutal jerarquía dictaba la posición social, económica y política entera de una persona, y fue una herramienta violenta para conservar el poder.

El antiguo sistema de castas me llama a mí mestiza, una mezcla de sangre indígena y europea. Mi hija, con un padre blanco, hubiera sido considerada castiza, colocándola un nivel más arriba en esa jerarquía impuesta. Pero la historia de quiénes somos es mucho más compleja que eso.

Cuando México declaró su independencia de España, su nueva identidad se forjó a partir del mestizaje, la idea de un pueblo de raza mixta. Pero no se trató de una celebración de esa herencia, fue un proyecto calculado de blanqueamiento diseñado para absorber y erradicar las culturas indígena y negra en favor del ideal blanco. El ADN de mi familia cuenta esa historia. Es en su mayoría indígena, pero ya no podemos nombrar nuestra tribu ni la lengua de nuestros ancestros. Esos vínculos se cortaron a lo largo de generaciones que aprendieron que, para sobrevivir, debían olvidar. El legado de envenenamiento perdura. Solo mira las telenovelas mexicanas y verás nuestra dolorosa historia desarrollándose en la pantalla.

La vergüenza perenne por nuestra piel morena se captura a la perfección en la frase común en español "hay que mejorar la raza". Cuando decimos "mejorar", lo que en el fondo buscamos es borrar nuestras raíces y acercarnos a lo blanco. Es una traición que nos enseñan en casa y que repetimos casi sin darnos cuenta. Como escribe Prisca Dorcas Mojica Rodríguez, este colorismo "es aplicado con regularidad por familiares, amigos, medios y en ocasiones hasta por nosotros mismos como una táctica de supervivencia".[1]

Pero como nos recuerda mi querida amiga Julissa Arce: "El antídoto del veneno del opresor es abrazar nuestra morenez, porque es nuestra cultura lo que nos impulsa".[2] Es en ese espacio —el espacio para abrazar nuestra herencia y el color de nuestra piel— que encontramos el verdadero poder.

ESCENA 3

Escenario: Un automóvil. REYNA, 40 y tantos, y su HERMANA, 40 y tantos, manejando de vuelta a casa después de pasar el día juntas.

HERMANA
Entonces, ¿Kelly está planeando tener más hijos?

REYNA
No creo. Y la FIV es cara.

HERMANA
¿Y entonces qué va a hacer con el resto de sus embriones congelados?

REYNA
No sé. ¿Donarlos? ¿Desecharlos?

```
HERMANA
Deberías pedirle uno.

REYNA
¿Y yo para qué quiero los embriones de Kelly?

HERMANA
Porque entonces podrías tener un bebé blanco.
Mira a su hija, es tan linda con su pelito rubio y
los ojos azules.

REYNA
Tengo un marido blanco, ¿sabes? Si quisiera tener
un bebé blanco, acudiría a él y lo tendría a la
antigüita.

HERMANA
Sí, pero entonces el bebé se parecería a EVA.

REYNA
¿Y qué tiene de malo como se ve mi hija?
```

La sugerencia de mi hermana, expresada con una sinceridad casi casual, me reveló su creencia de que mi hija no era lo suficientemente blanca. No me enojé por su comentario, solo sentí una profunda tristeza, tintada de alivio. Alivio porque recordé vívidamente haber pensado de la misma manera cuando era más joven, y los años que me tomó deshacerme de ese odio hacia mí. Lo que más trabajo me costó entender sobre la opresión interiorizada es lo invisible que se siente. Podemos acabar odiando cómo nos vemos o de dónde venimos sin siquiera saber por qué; simplemente nos vemos de la misma manera que los colonizadores. Por eso es tan complicado este trabajo. Pero como señala Mojica Rodríguez, no podemos solo enfocarnos en denunciar a los blancos. También debemos enfrentar el "racismo interiorizado dentro de las comunidades de color". Si no lo hacemos, dice Mojica, somos nosotros los que mantenemos cíclicas esas "generaciones de daño".[3] El prejuicio que llevamos dentro es más peligroso que el racismo que viene de fuera, porque nos hace traicionarnos a nosotros mismos. Nuestra propia opresión. "El odio a uno mismo hace que los dominados se vuelvan más severos y crueles que sus tiranos", escribe Viet Thanh Nguyen. "El odio a uno mismo hará que desquiten su odio contra aquellos que les recuerdan a sí mismos".[4]

Reyna y su familia

Cuando éramos chicos, el nombre de cariño de mi papá para mi hermana mayor era "Negra". Su apodo para mí era "Chata", haciendo referencia a mi nariz ancha y plana. Mi hermana creció odiando el color de su piel. Yo crecí odiando mi nariz.

En la preparatoria, mi hermana nos compró una crema aclaradora para los brazos, que teníamos cubiertos de vello oscuro y grueso, en especial los míos. Nos sentábamos juntas, esparciendo con cuidado la crema blanca y gruesa sobre nuestra piel morena, un ritual de transformación lleno de esperanza. Cuando terminaba el tiempo, nos enjuagábamos, y como por arte de magia, mi vello grueso y negro cambiaba a un bonito cobre quemado. Yo sonreía al verlo.

—¿Ves? No solo hizo que se nos vieran menos velludos los brazos, ¡también se nos ve más clara la piel! —dijo mi hermana, radiante.

Yo asentí en señal de aprobación. Convencida de que nos habíamos blanqueado hasta volvernos estadounidenses.

Entonces, mi hermana me enseñó que, con rubor e iluminador, podía perfilarme la nariz para que se viera más pequeña. Más refinada.

Y así, perseguíamos un estándar de belleza que no era el nuestro, alterándonos meticulosamente. No nos dábamos cuenta de que el cambio más duradero no se daba en la piel ni en la nariz, sino en la creencia sutil y permanente de que no éramos suficientes tal y como éramos, que nuestra piel morena, nuestras características, eran algo que arreglar, no apreciar. Estas dudas arraigadas en lo profundo de nosotras eran lecciones que más tarde tendríamos que desaprender, una tarea que requeriría mucho más esfuerzo que enjuagarnos la crema aclaradora.

Cuando Cory y yo empezamos a salir después de conocernos en una escuela donde enseñábamos inglés como segunda lengua —yo, una latina aspirante a escritora; él, un blanco aspirante a actor—, admito que batallé con mi opresión interiorizada. Lo veía como alguien superior meramente por su blancura. Me sentía insuficiente, incrédula de que alguien como él realmente pudiera querer a alguien como yo. Que pudiera *verme* de verdad. Fue una lucha dolorosa desmantelar esas creencias integradas tan hondo, derrocar activamente mi mentalidad colonizada. No caer en la trampa de creer que lo blanco es mejor. Eso no fue culpa de Cory. Él nunca me hizo sentir menos. Era el eco de generaciones de mensajes sociales diciéndome que mi piel morena era una marca en mi contra.

A veces me venía otra duda, una voz interna que me decía que debí haber elegido una pareja que compartiera mis raíces mexicanas. ¿Al amarlo, me había convertido en una Malinche moderna, traicionando a mi pueblo? No solo mi lengua había sido colonizada por el español y por el inglés, ¿ahora también mi corazón?

ESCENA 4

Escenario: Consultorio de un optometrista. REYNA, 19, espera a que la atienda el oculista en turno.

OCULISTA
¿Reyna Grande?

REYNA
(saltando de la silla)
¡Hola!

OCULISTA
(mirando el expediente de Reyna)
Entonces, ¿es tu primera vez usando lentes de contacto?

REYNA
Sí, pero quiero probar los de color. Tengo una amiga que tiene unos, y me gustó cómo se ven.

OCULISTA
Ah, ¿y de qué color te gustaría?

REYNA
¿Pueden ser azules?

Yo no crecí considerándome mestiza. Tenía veintiún años la primera vez que escuché el término en mi clase de literatura chicana, donde leímos *Borderlands/La Frontera*, de Gloria Anzaldúa, el cual se volvió un momento clave para mí y me ofreció el lenguaje y el marco para una identidad compleja que no sabía aún que poseía. En casa nunca me animaron a abrazar mis raíces indígenas. De chicos, uno de los peores insultos que podías recibir era "Pareces india" o "Hablas como india". El único día que estaba bien verse como "india" era el 12 de diciembre, el cumpleaños de la Virgen de Guadalupe, cuando todos nos poníamos un atuendo indígena y lo veíamos como un disfraz —fácil de poner y quitar—, en lugar de una identidad que se viviera y se respirara, que fuera honrada e integrada. Un día de actuar como indígenas.

ESCENA 5

Escenario: Una cocina bien iluminada. Se ven preparativos para la cena: verduras picadas, ollas humeantes. REYNA, 38, canturrea bajito mientras revuelve un caldo en la estufa. Su hija, EVA, 6, entra a la cocina vestida de Elsa, de *Frozen*, su rostro untado con sombra azul brillante para los ojos, una sonrisa triunfante en la carita. Se metió en la bolsa de cosméticos de su mamá otra vez.

EVA
¡Mami, mami, mira!

REYNA
(voltea de la estufa, cuchara de madera en mano)
¿Qué pasa, Evita?

EVA
¡Mis ojos se están poniendo azules como los de papi!

REYNA asimila la imagen de los ojos ámbar de EVA, ahora con un borroso azul brillante. Una compleja mezcla de emociones le surcan el rostro: diversión, ternura y un toque de tristeza. Deja la cuchara con un suspiro.

REYNA
Ay, Evita.

REYNA toma el rostro de EVA en sus manos, limpiándole una mancha azul de la mejilla. EVA ríe, retorciéndose para escapar.

EVA
(riéndose)
¡No, mami! ¡Necesito que sean azules! ¡Como los de papi! ¡Como los de una princesa!

REYNA abraza a EVA.

REYNA
Tú ya eres una princesa, Evita. Mi hermosa princesa de ojos cafés.

EVA se acurruca en sus brazos, embarrando la sombra azul en la blusa de REYNA.

Cuando Cory y yo nos casamos, las figuras del pastel fueron un problema: la novia y el novio eran blancos. La noche antes de la boda, saqué mis pinturas acrílicas y mis pinceles. Con pinceladas minúsculas y precisas, trasformé la piel de porcelana de la novia, capa tras capa, hasta darle un hermoso y cálido tono café. Luego convertí su cabello rubio en una cabellera negra azabache, la pintura húmeda brillando bajo la luz. Aquel fue mi propio "baño de color": ya no para borrarme, sino para afirmarme. Un pequeño acto de reivindicación.

En segundo año, a Eva le pidieron hacer una tarea "sobre mí", un póster de cosas sobre sí misma que pudiera compartir con la clase. En uno de los espacios tenía que dibujar a su familia. Tomó sus plumones y usó uno café oscuro para su madre y uno rosa claro para su padre.

Mi primera reacción al verme en su dibujo fue exclamar:

—¡No soy *tan* negra!

—¡Era el único plumón café que tenía! —dijo ella.

Luego, ya avergonzada, me di cuenta de mi propio racismo interiorizado, de cuánto trabajo me queda por hacer todavía. Pronto el mundo le trataría de enseñar a Eva, como me enseñó a mí, que debe avergonzarse de ese hermoso café, en especial de los tonos más oscuros, y verlos como algo menos que el rosa.

En su dibujo solo éramos una familia. Mi trabajo como mamá era asegurarme de que se aferrara a esa verdad, siempre.

El año 2014 trajo a nuestra sala la telenovela hecha en Estados Unidos *Jane the Virgin*, y no solo era entretenida: era un espejo. Quedamos cautivados por Jane, una latina aspirante a escritora que tenía un lindo romance interracial con Michael, un encantador policía blanco de buen corazón. Su viaje, muchas veces sintiéndose dividida entre Michael y el carismático latino Rafael, me resonaba muchísimo.* Pero cuando en la segunda temporada eligió a Michael y se casó con él, declarándolo su alma gemela, sentí una oleada de identificación profunda y personal. *¡Yo soy Jane!*, pensé, mi propio corazón hinchándose. Las parejas latino-anglosajonas, como confirma el Centro de Investigación Pew, son el tipo más común de matrimonios interraciales en Estados Unidos, representando 42 por ciento de todas las parejas interétnicas e interraciales en 2020; sin embargo, sigue siendo en extremo raro ver relaciones así representadas con profundidad y normalidad en la pantalla. Al fin, ahí estaba. Mi propio matrimonio interracial, mi experiencia vivida, reflejada en la historia de Jane. No era solo una trama. Era una validación que hasta ese momento no me había percatado de cuánto anhelaba.

No es ninguna sorpresa entonces que, cuando el destino (y los productores) intervino, separando a Jane y Michael y llevándola de nuevo hacia Rafael, nuestro interés colectivo desapareció. Éramos incondicionalmente #EquipoMichael, comprometidos con su historia de amor. Eran compatibles. Él entendía a Jane, le daba paz y estabilidad, apoyaba sus sueños de ser escritora, respetaba sus necesidades, la equilibraba de la misma manera que mi esposo me equilibraba a mí. El cambio abrupto se sintió como una traición, un rechazo no solo de su poderosa conexión, sino de la posibilidad de esa clase de "y vivieron felices para siempre" para las latinas en pantalla. ¿Qué intentaban decirles a las latinas como yo en matrimonios interraciales? ¿Era un mensaje sutil de que el camino "más verdadero" o "más auténtico" para las latinas al final conducía de vuelta a parejas latinas?

* Aunque, por supuesto, el papel de Rafael era interpretado por un actor de ascendencia italiana.

ESCENA 6

Escenario: Un automóvil. REYNA, 40 y tantos, y su AMIGA latina, 40 y tantos, pasan el día juntas. Es un día soleado, y REYNA está feliz de la visita de su AMIGA. AMIGA está casada con un hombre latino, REYNA con un hombre blanco.

AMIGA
Alguien me hizo ver algo el otro día.

REYNA
Oh, no. ¿Qué?

AMIGA
Que muchas latinas exitosas están casadas con hombres blancos. O sea, *muchas*.

REYNA
(traga saliva)
Bueno… definitivamente sí somos varias.

AMIGA
¿Verdad? Y estaba pensando, ¿es por todos esos mensajes que nos metieron en la cabeza cuando estábamos creciendo? Que para triunfar *realmente* tenías que… ya sabes. Casarte con alguien mejor. Casarte con un blanco. De cualquier manera, es hora de que incluyamos el tema en diálogos sobre descolonización.

REYNA
Mmm. Quieres decir, como, ¿descolonizar nuestra recámara?

El movimiento para descolonizar expone los devastadores daños del colonialismo: genocidio, robo de tierras, supresión cultural, y exige el desmantelamiento de los sistemas que continúan marginalizando a los pueblos indígenas y a la gente de color. Es un poderoso llamado a abrazar nuestra herencia indígena, desaprender mentalidades coloniales y reclamar y celebrar activamente nuestras identidades.

Mi propio viaje hacia la descolonización de mi mente ha sido un reto. Trabajo en desprenderme de la inferioridad inculcada por una sociedad obsesionada con lo blanco para abrazar por completo mi identidad mexicana. Tengo un gran respeto por los esfuerzos generalizados para descolonizar nuestra educación, museos, medios y hasta cocinas, y siento que en mi propia vida he visto progreso.

Sin embargo, este compromiso me lleva a un cuestionamiento profundamente personal y muy perturbador. Como una mujer latina casada con un hombre blanco, ¿cómo descolonizo mis espacios más íntimos, mi casa, mi matrimonio, mi propio ser, sin fracturar la familia que he formado? ¿Cómo sostengo la paradoja? Por un lado, soy una mujer que peleó por desaprender el odio hacia sí misma, una madre que enseña a sus hijos que la piel morena es un regalo. Por el otro, soy una esposa que ama a un hombre blanco, a una pareja en un matrimonio que varios verían como el último acto de asimilación.

Tal vez descolonizar mi corazón no se trate de negar mi amor ni exigir que descolonice mi hogar *de* él. Quizás nuestro hogar sea un espacio que estamos aprendiendo a descolonizar *juntos* para nosotros y para nuestros hijos.

A diferencia de la piel de su padre, que se quema con el sol y se pone roja, la piel de mi hija se broncea, dándole un brillo dorado en el verano. Recuerdo cuando de adolescente leía *Sweet Valley High*, una serie sobre dos hermanas gemelas en un pueblo ficticio de California. Siempre describían a Jessica y Elizabeth Wakefield con un "perfecto bronceado californiano". Nunca pude visualizar cómo se veía eso, pero sabía que la autora no se refería a cómo se oscurecía una chica mexicana californiana como yo en el verano.

Después de un día nadando, mi hija se quita el traje de baño y zonas de su cuerpo ahora son algunos tonos más oscuros. Señala su cuerpo y pregunta:

—¿Mami, estas son las partes donde soy mexicana y estas son las partes donde soy blanca?

Cometimos el error de criar a nuestra hija para que se viera como mitad mexicana y mitad blanca. Como si entonces fuera a experimentar solo la mitad del racismo. A sentir la mitad del dolor.[5]

Debí darme cuenta de lo equivocada que estaba, que cuando piensas en ti como mitad esto y mitad aquello, nunca te sientes realmente entera.

Solo años después, cuando leí la novela de Nguyen *El simpatizante*, que presenta un protagonista birracial, descubrí lo que debí haberle dicho a mi hija. Algo que la madre del protagonista le dice: "Recuerda, no eres la mitad de nada, ¡eres el doble de todo!".[6]

In-Iguala-ble

Reyna en Iguala, Guerrero, 2014

En 2014, mi ciudad natal, Iguala, estuvo en la mira internacional por un espantoso crimen: la desaparición forzada de cuarenta y tres estudiantes universitarios, a solo diez minutos de la casa donde crecí. La tragedia transformó a Iguala en un símbolo global de corrupción y violencia auspiciada por el Estado, y de la crisis constante de desapariciones en México (que para diciembre de 2024 ya sumaba más de 119,000 personas).[1]

Sé que siempre que hablo de esta crisis —cuando describo la realidad de mi ciudad— me arriesgo a reiterar los titulares de noticias negativos y las imágenes cliché. "Perpetuamos la narrativa que se nos da para poder sobrevivir", observa la poeta Victoria Chang. Pero al hacerlo "perpetuamos nuestros propios estereotipos, nuestra propia desaparición".[2] Sus palabras articulan la lucha que me persigue. Cada vez que hablo de las verdades de Iguala, batallo con el miedo de solo estar fortaleciendo la visión unidimensional que se tiene de mi país de origen. ¿Sano una herida, o la vuelvo más honda? ¿Cómo hablar con honestidad y de manera positiva sobre México cuando he sido testigo de sus penurias? ¿Cómo ser testigo del dolor de mi comunidad sin permitir que ese dolor se torne en nuestra única historia?

Para el mundo, lo que ocurrió en Iguala en 2014 fue un titular oscuro más desde México. Para mí, ese lugar es donde está enterrado mi cordón umbilical.*

Mi niñez en el estado sureño de Guerrero estuvo definida por su devastadora pobreza. Yo era demasiado joven para comprender la historia de mi estado, para saber cómo y por qué se transformaba en uno de los estados más violentos y empobrecidos de México, donde casi 70 por ciento de la población vivía con lo justo. En aquel entonces, ni siquiera sabía que el estado se nombró a partir de Vicente Guerrero, un héroe de la independencia de México. Nacido en Tierra Caliente, la región más calurosa de nuestro estado, fue el segundo presidente de México y su primer presidente negro indígena, casi dos siglos antes de que Obama fuera elegido presidente de Estados Unidos. Guerrero también abolió la esclavitud en 1829, treinta y seis años antes que Lincoln.** Pero la presidencia de Gue-

* Algunas familias mexicanas perpetúan la tradición, arraigada en la cultura indígena, de enterrar el cordón umbilical para "plantar" simbólicamente las raíces de su hijo en su tierra. Cuando yo nací, mi madre enterró mi cordón umbilical para que no se me olvidara de dónde vengo.

** Dado que México abolió la esclavitud décadas antes que Estados Unidos, en realidad había una exitosa red clandestina para huir a México. Esta ruta sureña menos conocida ayudó a miles de personas esclavizadas a obtener su libertad.

rrero duró poco. Lo traicionaron y lo ejecutaron en el paredón. Guerrero es el único estado mexicano nombrado en honor de un presidente.

En 1960 y 1970, la honda pobreza e inequidad de Guerrero provocaron el ascenso de grupos guerrilleros. Luego sobrevino una crisis por la deuda pública y se devaluó el peso. En 1977, cuando yo tenía dos años, mi padre se fue de Guerrero. Iba buscando una salida, una escapatoria de la aplastante pobreza del estado y del país, y de la falta de oportunidades, en especial para los marginados. Estaba cansado de sobrevivir apenas, de vivir al día. Tomó una decisión que ningún padre deberia tener que tomar: dejar a sus hijos para probar suerte en Estados Unidos. Luego, dos años después, envió por mi mamá, pero no por nosotros. Mi infancia como huérfana en Guerrero fue miserable, y en ocasiones, cuando necesité algo o alguien a quién culpar, culpé a mi ciudad, a mi estado, a mi país por obligar a mis padres a huir. Por no darles los medios para proveer para nosotros.

Mi ciudad, Iguala, no es un destino turístico como las ciudades aledañas de Acapulco y Taxco. Tuvo un breve momento de fama en 1821 cuando se escribió ahí el Plan de Iguala, proclamando la independencia de México del dominio de España. La primera bandera oficial de México se cosió y ondeó ahí. Como cuna de la bandera nacional, Iguala solía mencionarse en el himno nacional hasta que esa estrofa desapareció cuando se acortó el himno en 1943.* Para entonces, la gloria de Iguala se desvanecía también y casi nadie la llamaba por su nombre oficial, Iguala de la Independencia.

En 1985, después de alcanzar su sueno de construir una casa para nosotros en Iguala, mi padre volvió, pero para entonces sus planes ya habían cambiado. Después de más devaluaciones del

* Y el que al golpe de ardiente metralla, / de la Patria en las aras sucumba, / obtendrá en recompensa una tumba / donde brille, de gloria, la luz. / Y, de **Iguala**, la enseña querida / a su espada sangrienta enlazada, / de laurel inmortal coronada, / formará de su fosa la cruz.

peso, la economía de México estaba por los suelos, así que mi padre decidió llevarnos a mis hermanos y a mí a través de la frontera, de vuelta a Los Ángeles con él. La más grande ironía de mi vida es que al tratar de construirnos una casa, mi padre destruyó nuestro hogar. Nunca vivimos en la casa que construyó para nosotros, y poco después de irnos a Estados Unidos, su hermana se la robó.

Mi inmigración cercenó el hilo que me ataba a mi ciudad, el lugar donde empezó mi historia. Cuando volví de visita ocho años después, a los diecisiete, y luego de nuevo en mis veinte, ya como estudiante universitaria, miré Iguala a través de mis ojos estadounidenses y quedé mortificada con lo que vi. Su pobreza me dio pena. Que *este* fuera mi lugar de origen me colmó de una vergüenza aguda y dolorosa, como la picadura de un alacrán de Guerrero. La pobreza seguía estrangulando a mi pueblo. Una década después de haberme ido a Estados Unidos, la economía de Iguala recibió dos golpes: el desmantelamiento del sistema de trenes y la construcción de la superautopista.

La estación del tren, inaugurada por el presidente Porfirio Díaz en 1898, seguía muy activa cuando yo era niña. Los trenes de pasajeros y de carga traían vida y comercio, generaban trabajos para gente como mi abuelo y mis tíos, que cargaban y descargaban los bultos de cemento y otros materiales, y para mi hermana mayor, que a los doce años vendía quesadillas para ayudar a la familia. Pero eso se acabó cuando privatizaron los trenes en los noventa. La estación se volvió un pueblo fantasma, con los carros oxidados abandonados sobre las vías y mis tíos sin trabajo. Alrededor de esa misma época, la nueva superautopista abrió, reduciendo el trayecto entre la Ciudad de México y Acapulco a la mitad. Pero se desviaba por completo lejos de Iguala. El flujo de viajeros que solía detenerse a comer o comprar de camino a la costa simplemente se desvaneció.

El crimen, las drogas y la extorsión han echado más leña al fuego de la creciente violencia en Guerrero, atrapando a su gente tan orgullosa —los guerrerenses— en el brutal fuego cruzado entre docenas de pandillas criminales. Con poca ley y orden, los cárteles mexicanos han asumido casi todo el control de la agricultura de la región. Usan la violencia y los sobornos para persuadir a los agricultores de abandonar las cosechas tradicionales para plantar marihuana, amapola y ahora coca. Bajo amenaza, y sin ningún otro recurso económico, muchos agricultores trágicamente entran a la fuerza al tráfico de drogas solo para subsistir, en ocasiones incluso sacrificando sus tierras ancestrales.

Al final, es el consumo de los estadounidenses lo que paga esta violencia, y se mantiene con las armas que entran ilegalmente del norte. Tal crisis es la razón de que las bellísimas sierras alrededor de Iguala ahora estén marcadas con campos ilegales, todos destinados a alimentar la abrumadora demanda de drogas ilícitas en Estados Unidos. Los cárteles incluso han usado la propia estación de autobuses de Iguala para transportar sus drogas por todo el país. Antes del auge del fentanilo, México abastecía casi toda la heroína consumida en Estados Unidos, y la mitad de esas amapolas eran cosechadas en Guerrero.

En septiembre de 2014, cuando Iguala apareció en los principales periódicos de Estados Unidos, de pronto mucha gente tuvo conocimiento de mi ciudad, pero no de la forma que hubiera querido.

Unos cuantos meses antes de este horripilante crimen, había decidido recrear una querida tradición de mi niñez organizando una gran posada en mi vieja colonia esa Navidad. Las posadas, recreaciones del viaje de María y José buscando refugio, tienen un lugar especial en mi corazón porque son uno de los pocos recuerdos alegres de mi infancia. Cada diciembre, vecindarios de todo México cobran vida con estas procesiones, donde los participantes cantan y "piden posada" en varias casas, culminando su peregrinaje en la iglesia local, donde son bienvenidos. Para niños como yo, la mejor parte era siempre recibir bolsitas de regalo llenas de dulces, fruta, cacahuates y, en ocasiones, si teníamos suerte, un juguete: una pelota, un juego de té de plástico, una muñeca. Más de una vez, ese juguete fue mi único regalo de Navidad.

Impulsada por el deseo de compartir esta festiva experiencia con los niños de mi colonia, recabé fondos para el evento con el apoyo de mis amigos, familiares y lectores. Mis primas en México coordinaron con el cura del pueblo y pusieron una fecha, y pronto los preparativos para la posada iban viento en popa.

Luego, tres meses antes de mi posada, el 26 de septiembre de 2014, los cuarenta y tres universitarios fueron atacados y secuestrados a una corta distancia de donde vive mi familia. Este terrible crimen implicó a muchas personas y grupos distintos, incluidos la policía, el ejército, el narco y hasta el alcalde y su mujer. A pesar de la indignación generalizada y las extensas investigaciones, sigue siendo desconocido el destino de la mayoría de los estudiantes. Al día de hoy, solo se han encontrado los restos de tres de ellos. Aún no sabemos qué pasó ese lluvioso día de septiembre en Iguala. Al momento de escribir estas palabras, las familias de los estudiantes desaparecidos continúan buscando respuestas y exigiendo justicia, pero hasta ahora no se ha sentenciado a nadie en relación con las desapariciones y los eventos mismos permanecen velados por teorías en disputa.

Al principio, el procurador general de México culpó a la policía municipal corrupta, diciendo que los policías entregaron a los estudiantes al capo local, quien ordenó que los mataran, quemaran sus cuerpos y se deshicieran de los restos. Dicha versión oficial, que denominaron "verdad histórica", desde entonces ha sido desmentida por expertos internacionales. En 2022, investigadores al fin admitieron lo que básicamente todos sabían: que funcionarios locales, estatales y federales estuvieron involucrados directamente en el encubrimiento de la verdad sobre los estudiantes desaparecidos.[3] Ese mismo año, Jesús Murillo Karam, el exprocurador general que creó y defendió la "verdad histórica" fue arrestado bajo cargos de desaparición forzada, tortura y obstrucción de la justicia.*

Los motivos del ataque siguen sin esclarecerse. Una teoría propuesta fue que los estudiantes no se dieron cuenta de que se habían subido a un autobús en la estación de Iguala que llevaba un cargamento secreto de heroína, lo cual provocó la ira de un cartel muy poderoso. Otra teoría sugiere que simplemente confundieron a estos normalistas con miembros del cartel rival. Al día de hoy, la investigación está parada y el ejército continúa negándose a liberar los documentos que han solicitado las familias de los cuarenta y tres estudiantes. Si el gobierno no sigue las pistas señaladas por el Grupo Interdisciplinario de Expertos Independientes (GIEI), quizá nunca sepamos la verdad. Este caso deja claro que la corrupción en México es tan profunda, que deja a comunidades devastadas y destruye familias enteras y nadie les dice la verdad.

Desde mi casa en California, leí la noticia y me sentí destrozada por la tragedia. Por primera vez, mi ciudad natal llegaba a la primera plana de los periódicos en Estados Unidos y el mundo, pero por las razones equivocadas. Iguala pronto se convirtió en un lugar de infamia, sitio de una de las peores atrocidades contra los derechos humanos en el país. Mientras las familias y los activistas buscaban en los cerros y las montañas alrededor de la ciudad, descubrieron varias fosas comunes, aunque ninguna contenía los cuerpos de los estudiantes. Sin embargo, fue un espantoso recordatorio de que, cuando los titulares de los periódicos llaman a México un "cementerio", no exageran. El gobierno mexicano hace poco por encontrar a sus desaparecidos. Pero en esta ocasión, las familias de los

* Sin embargo, en la actualidad aún no ha sido enjuiciado y continúa bajo arresto domiciliario.

cuarenta y tres estudiantes perdidos no permitirían que el gobierno se hiciera de la vista gorda. Los 43 de Ayotzinapa, como se les conoce, pronto se convertirían en una causa, generando un movimiento social masivo: "Nos faltan 43" se volvió un grito de protesta.

Cuando llegó diciembre de 2014, fui a Iguala para mi posada, como estaba planeado. Tenía miedo, sí, pero estaba decidida a llevar alegría a los niños de mi colonia, en especial después de ese horrible acto de violencia contra nuestra gente. Quería hacer algo que pudiera inspirarles un poco de espíritu navideño. Fue una experiencia agridulce. Por una parte, pasé mis días comprando Barbies, Play-Doh, peluches, carritos de control remoto, balones de futbol y de basquetbol, pensando lo felices que se sentirían los niños que los recibieran. Renté mesas y sillas, compré piñatas, contraté un DJ y junté todos los ingredientes necesarios para brindarles una deliciosa comida navideña a todos los asistentes a la posada. Pero al recorrer la ciudad, no podía quitarme esta sensación de que mi esfuerzo era inútil. Podía ver lo asustada que estaba la gente de salir de su casa. Lo vacías que quedaban las calles tan pronto se ocultaba el sol. Cómo los negocios cerraban puertas temprano, y en plena temporada navideña, lo que significaba perder las mejores ventas del año.

Me preocupaba que los peluches y los balones de futbol fueran insignificantes frente a la incertidumbre que experimentaban los niños de mi pueblo, pero al mismo tiempo, por lo menos les darían una noción de normalidad. Para algunos de ellos, el juguete que recibieran en mi posada sería el único que tendrían esa Navidad.

Los lugareños tenían emociones y opiniones conflictivas sobre los cuarenta y tres estudiantes. Algunos se sentían mal por ellos y por sus familias, pero otros, como mi propia tía, la hermana menor de mi mamá, culpaban a los estudiantes por lo que les había pasado.

—Están locos. Ellos se lo buscaron —me dijo mi tía, sus palabras filosas y lacerantes, repitiendo lo que ya había oído del taxista y otra gente del lugar.

Mi tía estaba molesta, probablemente porque estaba asustada y cansada, pero su reacción señala la forma tan complicada y dolorosa en que la violencia divide a la gente. Los lugareños estaban enojados porque después de las desapariciones había habido disturbios por todo el estado y algunos manifestantes habían aventado piedras y cocteles Molotov al palacio municipal de Iguala, provocando que se cerrara y dejando a los residentes sin sus servicios. También vandalizaron otros edificios.

Gente como mi tía, acostumbrada a ser tratada injustamente y a vivir con miedo, no estaba de acuerdo con las manifestaciones de los estudiantes porque no entendía por qué lo hacían. La Escuela Normal Rural Raúl Isidro Burgos de Ayotzinapa, dedicada a la formación de maestros, es conocida por su activismo. Fue precisamente por este fuerte sentido de activismo que los estudiantes se subieron en primer lugar a los camiones en la estación de Iguala —iban de camino a la Ciudad de México para participar en una marcha por el aniversario de la masacre de Tlatelolco en 1968— donde fuerzas armadas mataron a cientos de estudiantes que protestaban. Mi tía sacudió la cabeza y repitió:

—Ellos se lo buscaron.

Yo quería discutirle, defender el activismo de los estudiantes y convencer a mi tía para que dejara de culparlos por el trágico giro del destino que los había convertido en desaparecidos. ¿Cómo explicarle que no fue su culpa? ¿Cómo le explicas la resistencia a alguien cuya vida le ha enseñado que la supervivencia depende del silencio?*

* El día después de Navidad, gente de todo el estado fue a Iguala a participar en una marcha por toda la ciudad para exigir justicia para los estudiantes. Mi tía no quería que yo fuera. Le preocupaba que estallara la violencia, pero fui y me uní a los manifestantes de todas maneras. "¡Nos faltan cuarenta y tres!", grité una y otra vez. Con cada clamor me sentí más y más como una verdadera guerrerense, una guerrera de pie al lado de su gente.

La posada fue un éxito, y ver los rostros de esos niños emocionados al recibir sus juguetes me convenció de que había sido lo correcto. Tal vez esos pequeños momentos de felicidad no fueran insignificantes, pensé. Tal vez eran también una forma de resistencia; cada muñeca y cada carrito de control remoto era un pequeño desafío a la desesperanza. Al saborear la canela y el piloncillo de mi taza de ponche, viendo a los niños reír y jugar con sus juguetes nuevos, algo extraño pasó. La vergüenza que llevaba conmigo, esa punzada de *Yo soy de aquí*, se empezó a calmar. Por primera vez en años, no solo vi la pobreza y la tragedia de Iguala, sino la resiliencia y la comunidad, y sentí ese chispazo de alegría que llegué a experimentar de chica. La posada se convirtió en un paso hacia la reconquista de mi propia historia, un paso crucial para reconciliarme con mis dos versiones: la niña que se fue y la mujer que volvió.

Así que al año siguiente regresé a Iguala para organizar otra posada, atrayendo a una multitud aún más grande de las comunidades vecinas. El siguiente año, y el otro después de ese, fueron todavía más grandes. La posada se volvió mi protesta personal contra la narrativa singular de violencia ahora asociada con Iguala. Era una forma de decir *Sí, aquí ocurrió una tragedia, pero esta comunidad también está llena de niños, de familias, con un espíritu para celebrar que no se acaba*. Insistir en representar a mi ciudad bajo una luz distinta —incluyendo su alegría y esperanza, junto con la tristeza— fue difícil, pero valió la pena.

Y justo cuando me sentía bien por haber empezado una tradición y haber creado un evento que los vecinos pudieran esperar cada año, una de mis primas me dijo:

—Reyna, creo que es mejor que ya no vengas.

—¿Por qué no? —pregunté.

—Ya se corrió la voz de que tienes dinero. Han estado hablando mucho de ti. Llamas mucho la atención.

—¿Quién ha estado hablando de mí? —pregunté.

—Gente mala —dijo otra prima—. No es bueno que la gente mala sepa quién eres.

—Pero... no soy rica —tartamudeé—. Y lo estoy haciendo por *ellos*. Por los niños. Por la comunidad. ¿Por qué lo distorsionan así?

Era claro que mi ayuda, mi presencia, se había vuelto un problema. Pensé que, desde ese momento, cada viaje al mercado por comida, cada viaje a los tianguis por juguetes, se sentiría como un volado si había gente mala acechando por ahí. Estaba consciente de que mis acciones, aunque bien intencionadas, podrían llamar la atención involuntariamente, poniéndonos en peligro a mi familia y a mí.

—Ya no es seguro para nadie —declararon mis primas. Y yo sentí una pérdida más, otro frágil hilo de mi conexión con Iguala reventándose.* Así que, con eso, mis posadas llegaron a su fin, y hasta hoy no he regresado a mi ciudad natal. Me duele mucho.

Ahora, cuando voy a México, visito otras partes del país, y mis primos y primas van a verme ahí. Por el lado bueno, nos ha dado la oportunidad de explorar juntos los múltiples lugares hermosos y seguros de México.

En 2016, en el tercer año de mi posada, hubo 23,000 asesinatos en México, con lo que se convirtió en uno de los países más violentos del mundo, como si fuera una zona de guerra activa. Todo empezó diez años atrás, cuando el presidente Felipe Calderón cedió a la presión de Estados Unidos para combatir el narcotráfico, y lanzó la "guerra contra el narco". Envió al ejército a perseguir a los cárteles,

* Además, la casa de mi padre, la que mi tía le robó, sigue ahí: un monumento a nuestro sufrimiento, un doloroso recordatorio de lo que mi familia perdió, de lo que nos costó la vida que tengo ahora.

lo cual solo intensificó la violencia y el caos. Bajo el Plan Mérida, Estados Unidos mandó helicópteros, equipo militar y entrenamiento. Pero legalmente nunca aceptaron que fuera una guerra de verdad. Por eso a los mexicanos se les sigue negando el asilo.

Estados Unidos ofrece asilo si el gobierno te persigue, pero no si eres víctima de los cárteles. Es irónico porque el 70 por ciento de las armas de los narcos provienen de Estados Unidos, y su consumo de drogas es lo que mantiene vivo todo ese mercado. De hecho, a pesar (o debido a que) el Plan Mérida pretendía ayudar, los asesinatos en México se triplicaron entre 2007 y 2023.[4]

Mientras siga "la guerra contra el narco", y Estados Unidos se niegue a llamarla por su nombre, a los mexicanos se les negarán las protecciones básicas que reciben los refugiados de guerras, sin importar qué tan mal se pongan las cosas. Hace años, mi familia huyó de Guerrero por falta de dinero, pero hoy, el miedo es lo que obliga a la gente a dejarlo todo.

El abandono del gobierno y las políticas de Estados Unidos, que proponían frenar las drogas, solo terminaron empobreciendo y llenando de sangre a mi estado. El Plan Mérida, si bien prestó asistencia, solo condujo a más militares, más peleas y más abusos de los derechos humanos.

Aun cuando viven bajo esta amenaza de violencia, mis primos y primas en Iguala no califican para pedir asilo y son demasiado pobres para tener visas de turistas y poder visitarme. Así que se quedan, forjándose la mejor vida que pueden, criando a sus familias y encontrando alegría en las cosas sencillas, aunque hermosas, que Iguala les puede ofrecer, como sus deliciosos pichones al mojo de ajo o un tazón hirviendo de pozole en el jueves pozolero.

Aunque Iguala siempre estará vinculada a los 43 de Ayotzinapa, la ciudad está intentando activamente distanciarse de la tragedia. Después de todo, los estudiantes no eran de Iguala, y si fueron asesinados, no sucedió ahí. En fechas recientes, los funcionarios locales lanzaron una campaña para mejorar la imagen de Iguala, con remodelaciones enfocadas en atraer turistas y combatir la reputación negativa de la ciudad. "Iguala es inigualable" es el eslogan.

La frase "Iguala es inigualable" tiene múltiples significados muy difíciles, imitando mi relación compleja con mi ciudad natal. Por un lado, sugiere una belleza incomparable y de irremplazable valor. Sin embargo, en el contexto de violencia y trauma también se siente trágicamente irónica. Para mí, "in-Iguala-ble" se convierte en una pregunta: ¿Podrá Iguala reclamar su identidad alguna vez lejos de la sombra de Ayotzinapa? ¿Podré *yo* alguna vez reconciliar la vergüenza y el amor que siento por Iguala, haciendo que mi conexión sea en verdad única y especial?

Quizás algún día. Y es posible que sea capaz de reclamar la narrativa, sacudiéndome la vergüenza de ser nativa de esa tierra. Puedo refrescar mi perspectiva y verla con otros ojos, con un aprecio recién encontrado. Quiero visitarla de nuevo, la ciudad donde está enterrado mi ombligo, y abrazar su magnífica belleza junto con su sufrimiento tan real. Quiero que nuestro vínculo se vuelva "in-Iguala-ble".

Conforme evoluciona mi escritura, siento la necesidad de reimaginar mi conexión con la ciudad y el país que me vieron nacer. No busco pintar un México color de rosa, sino enfocarme en la resiliencia y la fortaleza de la gente: en esos actos diarios de resistencia y alegría, que brillan incluso en medio de tantas penurias. La idea es aportar un retrato más completo y más humano que reconozca el sufrimiento, pero que también honre ese espíritu resistente. Sin ignorar la realidad, quiero contar una historia distinta, que no solo trate de las heridas de Iguala, sino de su poder para perdurar y crear belleza a pesar del dolor.

Un vuelo para recordar

Reyna, la viajera

¿*Qué estaba pensando?* Me pregunté de camino al aeropuerto de San Antonio. Llevaba cinco semanas en la gira de mi libro para *La búsqueda de un sueño*, dejaba atrás la ciudad número veintitrés, y estaba exhausta. A dos años de empezada la primera presidencia de Trump, un periodo marcado por el incremento de redadas de ICE y familias separadas en la frontera, yo había estado viajando sin parar para dar conferencias por todo el país sobre mi experiencia como inmigrante y para defender a mi comunidad. Me sentí obligada a combatir la retórica de Trump, la cual deshumanizaba a los inmigrantes y los presentaba como criminales e invasores. Y ahora que acababa de publicar unas nuevas memorias que hablaban de los retos de formar un hogar en Estados Unidos como migrante mexicana, el viaje había alcanzado el siguiente nivel. Lo cierto es que casi no había estado en casa.

Cansada y añorando mi hogar, en un perpetuo estado de *jet lag,* crucé de ida y vuelta zonas horarias, soporté toda clase de temperaturas y climas, y hasta hui de un huracán en Carolina del Norte. Conocí a cientos de personas: una mujer mayor con los ojos inundados de lágrimas que compartió historias de las migraciones de su propia familia, jóvenes activistas llenos de fuego y determinación, y educadores en busca de recursos para apoyar a sus estudiantes migrantes. Cada evento, cada conversación, dejó una huella, pero hubo ocasiones en que, al despertar, ni siquiera recordaba en qué ciudad me había quedado.

Al llegar al aeropuerto para volver a casa y celebrar Halloween con mis hijos antes de volar a la ciudad número veinticuatro al día siguiente, todo lo que quería era no volver a ver jamás el interior de un avión.

Aun así, ese vuelo a casa desde Sacramento resultó ser una de las experiencias más memorables y significativas, no solo de la gira, sino de mi vida.

Después de estar sentada en la sala de abordaje por lo que parecieron horas, los párpados pesados mientras me marchitaba bajo las luces fluorescentes, el ruido monótono de los avisos por el altavoz y la gente que pasaba corriendo a mi lado arrastrando sus maletas, al fin llamaron a mi grupo para abordar. En Southwest Airlines, te formabas de acuerdo con el número que te asignaban, así que, tratando de encontrar mi lugar en la fila, le pregunté a un joven latino cuál era su número de abordaje. Sin decir nada, me mostró su pase de abordar para que lo leyera yo misma. Al tomar mi lugar delante de él, me di cuenta de que quizás no hablaba inglés. Me sentí mal de haberle hablado en inglés, pero en Texas aprendí que el español es un tema delicado. Algunos latinos se ofenden y te recuerdan de inmediato que sus familias llevan generaciones en Estados Unidos, *thank you very much.**

Ya atravesando el gusano, noté que el joven que me había respondido sin palabras tampoco traía equipaje y solo llevaba consigo un sobre y vestía pantalones de mezclilla manchados y una delgada playera blanca. Su mirada se desvió hacia todas direcciones de la cabina, perplejo. A veces hace mucho frío en los aviones, y al ver sus brazos desnudos, me pregunté por qué no había traído una chamarra. De pronto, supe quién era el joven.

Unos años antes llevé donaciones a un albergue de migrantes en Tijuana —bolsas de ropa, cajas de champú, jabón y pasta de dientes—, y el Padre Pat, que dirige la Casa del Migrante, mencionó que 90 por ciento de los hombres en el refugio eran deportados. Dijo que cuando los ponen en libertad, no tienen nada más que la ropa que traen puesta y un sobre con sus papeles. Así es como supe que el joven frente a mí buscaba asilo y acababa de salir de detención.

—¿No tienes maleta? —le dije para hacer conversación.

---

* Hace algunos años, en esta misma ciudad, una mujer hispana entró a la librería local donde yo estaba leyendo una parte de mi segundo libro para reprenderme y acusarme de promover la migración ilegal a través de mi escritura.

—Odio lo que los inmigrantes le han hecho a mi país —dijo—. Mi familia lleva generaciones aquí. No cruzamos la frontera.

Luego dio media vuelta y se fue. Asumo que quiso decir que su familia había vivido en Texas desde antes de que Estados Unidos la robara y se redibujara la frontera. Sentí una mezcla de tristeza y frustración. No le contesté nada, sabiendo que discutir sería inútil. En cambio, simplemente asentí, consciente de su dolor y de la complicada relación con su propia identidad. Para entonces sabía que hay latinos que resienten a los inmigrantes como yo. Temen ser incluidos en la misma categoría de "forastero". Como si fuera culpa nuestra que la sociedad racista sea tan rápida para asumir que cualquiera con un apellido en español es extranjero. Fue una dolorosa ironía encontrarme con este resentimiento, un choque dentro de nuestra propia comunidad. Yo hablaba de complejidad de la identidad latina en América, la presión de asimilarse, el miedo de ser visto como "ajeno" y el racismo interiorizado que en ocasiones se manifiesta como hostilidad hacia los migrantes recientes.

Sonrió, aliviado de que hablara su idioma.

—No, no tengo nada —dijo. Sin que yo le preguntara, confirmó lo que había adivinado: lo habían dejado en libertad de un centro de detención esa misma mañana. Se le veía en sus ojos una mezcla de emoción y miedo—. Nunca me he subido a un avión —confesó, su voz a duras penas un susurro—. ¿Sabe cómo se hace esto? ¿Dónde me siento?

—En Southwest te puedes sentar en cualquier asiento disponible —dije—. Sígueme.

Encontramos los únicos dos asientos contiguos en la última fila, justo junto al baño. Le enseñé a ponerse el cinturón. Me contó que había salido del centro de detención de San Antonio a las tres de la mañana y lo habían dejado en el aeropuerto una hora después. Nuestro vuelo salía al mediodía, así que llevaba ocho horas en el aeropuerto sin dinero ni nada que comer, y su última cena había sido a las cinco de la tarde el día anterior, en el centro de detención. En cuanto a sus brazos desnudos, había tenido que devolver la chamarra que le prestaron estando detenido. Tampoco había dormido.

—Me dio miedo que me dejara el avión —dijo.

Y ahora aquí estaba, hambriento, cansado y con frío, en su primer viaje en avión.

Le ofrecí de las botanas que había estado juntando con tanto viaje: pretzels, donas espolvoreadas y una bolsita de almendras tostadas.

—Gracias, gracias —dijo con la boca llena mientras comía rápidamente.

Tenía veintiún años y venía de Guatemala. Abandonó su país para escapar de la pobreza opresiva, la violencia, la falta de oportunidades, factores comunes en la mayoría de las decisiones de emigrar. Era la razón de que, mientras nosotros volábamos en ese avión, en ese preciso momento miles de personas cruzaban caminando la frontera entre México y Estados Unidos para pedir asilo.

Me preguntó:

—¿Ha oído hablar de la caravana? —Se refería al grupo de migrantes abriéndose paso hacia la frontera de Estados Unidos.

—Las caravanas —le corregí—. La tercera salió ayer.

—Cierto —dijo—. Estuve viendo las noticias en el centro de detención. Los agentes hacían bromas de que nunca se iban a quedar sin trabajo gracias a las caravanas y todos los que vienen.

No supe qué decir. Para él, las caravanas representaban un salvavidas, un símbolo de lucha colectiva y esperanza compartida por un mejor futuro. Era probable que él quisiera saber si su viaje estaba generando atención, si el mundo estaba viendo y si su propio ruego por asilo sería escuchado en medio de tanto clamor. Pero ¿sabía de los cinco mil soldados que Trump había enviado a la frontera? ¿Sabía de la retórica de odio del presidente, conjurada para encender el miedo y el odio contra migrantes centroamericanos como él?

No le hice ninguna de esas preguntas. En cambio, le ofrecí más comida: una lata de atún y galletas saladas... mi disculpa personal.

Negó vehementemente con la cabeza.

—¿No te gusta el atún? —le pregunté.

—Es todo lo que nos daba el coyote —dijo—. En el viaje, desayunamos, comimos y cenamos atún. El olor me trae malos recuerdos.

Me contó sobre el cruce del río entre Guatemala y México. Al atravesarlo nadando, las tortillas de maíz que había empacado se empaparon y se convirtieron en una bola de masa aguada que tuvo que tirar. No comió nada más que atún a partir de ese momento. Cuando los agarraron en México, su coyote los abandonó. Cuando lo dejaron ir, siguió solo hasta la frontera con Estados Unidos, donde se entregó a la Patrulla Fronteriza y lo encerraron en un centro de detención. Tenía otros dos hermanos viviendo en Estados Unidos, y ellos contrataron a un abogado para ayudarlo con su caso. Tenía que ir con el juez pronto para exponer su situación. Solo entonces sabría si le permitirían quedarse. Mientras tanto, viviría con sus hermanos.

—Viven cerca de Los Ángeles —me dijo.

Me pareció confuso. Iba en un vuelo hacia Sacramento, con escala en Dallas. ¿Por qué sus hermanos no le habían comprado un boleto directo a Los Ángeles? Mi pregunta le preocupó, y después de mostrarme sus papeles, me di cuenta del error.

—Viven a cuatro horas y media al norte de Los Ángeles —le dije—. Ahora entiendo por qué vuelas a Sacramento. Está más cerca de donde viven.

—Qué gusto que usted lo entienda —dijo—, porque yo no. —Se rio y se comió mis donas espolvoreadas.

—No te preocupes —le dije—. Yo me encargo de que no te pierdas.

—¿Usted nació aquí? —me preguntó unos minutos después.

—No, crucé la frontera a los nueve.

—¿Sola?

Pensé en los miles de menores que han venido por su cuenta en los últimos años, completamente solos. Yo había tenido suerte.

—Mi padre volvió a México por mí. Así que él me acompañó todo el viaje. Llevo treinta y tres años aquí.

No le conté que yo llegué a este país cuando las cosas eran distintas, cuando un presidente republicano firmó una ley que perdonó a tres millones de personas, incluyendo a mis papás, por entrar al país de manera ilegal, y les permitió quedarse como residentes legalmente. No le dije lo libre que me sentí, ya sin límites, a los quince años cuando llegaron nuestros permisos de residencia; las delgadas tarjetas de plástico se sentían frías y lisas en mis manos temblorosas. Recuerdo el alivio, la esperanza… algo que ojalá él pudiera sentir en ese momento.

No quise lastimarlo hablándole de tiempos que ya no existen en este país —cuando obtener el perdón y la oportunidad de adquirir un estatus legal era aún posible—, pero quería darle esperanza. A lo mejor algún día esa época llegaría de nuevo.

—Tengo una hija —me dijo—. También la dejé allá. —Lo que él más quería en el mundo era que le permitieran quedarse y que su esposa y su hija lo alcanzaran de este lado de la frontera para poder empezar una nueva vida juntos. Yo reconocí ese deseo. Era el mismo deseo que tuve alguna vez. Ver reunida a mi familia. Estar en un mismo lugar otra vez. Sentirme entera de nuevo.

Mi esperanza era que su hija no tuviera que crecer viendo la foto de su padre colgada en la pared, como lo tuve que hacer yo.

Durante nuestra escala, lo invité a comer. Pidió una hamburguesa y papas a la francesa —la primera probada de un país al que había arriesgado todo para llegar. Me dijo que no había comido papas en mucho tiempo por una plaga en los cultivos.

—Mucha gente se murió en mi pueblo por comer papas malas —dijo.

Ahora se comía sus papas a la francesa con gusto.

—Prácticamente ni nos daban de comer en el centro de detención —dijo—. Y cuando sí, era lechuga podrida y col cocida, toda babosa. Bajé mucho de peso. —Peso que no podía darse el lujo de perder. Sus brazos delgados y desnudos ahora parecían todavía más frágiles; hasta mi hijo de dieciséis años se veía más alto y más robusto.

—¿A qué se dedica? —peguntó.

Jugué con mi pasta, que se ahogaba en salsa Alfredo.

—Soy escritora —dije. No le conté que me había pasado casi todo el tiempo de ciudad en ciudad hablando sobre mis experiencias como migrante. De cierta manera, había estado hablando en su nombre incluso antes de conocerlo, porque sabía que su experiencia no era la única. Otros miles enfrentan desafíos similares, lidiando con leyes complejas de migración, detenidos en centros, pidiendo asilo y esperando tener una vida mejor.

—Se ve cansada —dijo.

—Lo estoy —admití, los hombros un tanto caídos—. He estado viajando mucho últimamente.

Ya había empezado a resentir tanto viaje, empacar y desempacar todo el tiempo, las cenas que me estaba perdiendo con mi esposo y mis hijos, y la carga emocional de revivir mi trauma con extraños, de convertir mis momentos más vulnerables en narrativas públicas, sintiendo que ofrecía constantemente trozos de mi alma en el escenario. Cada lectura, cada sesión de preguntas y respuestas se sentía como reabrir una herida. Ya estaba desgastada por las preguntas personales. Veía el dolor en los ojos de la gente y sentía una presión inmensa por representar no solo mi propia historia, sino la lucha colectiva de una comunidad entera. Ya no se trataba solo de escribir un libro; era llevar sobre mis hombros la carga de la defensa y la verdad.

Yo solo quiero escribir. ¡No me apunté para ser vocera de los derechos de los migrantes! Quería decirle, expresar mi frustración por el peso de esa representación.

Sin embargo, ahí estaba él ante mí, la frágil esperanza en sus ojos recordándome por qué lo que yo hacía importaba, por qué no podía darle la espalda. Mi deber era ser ambas.

Sin importar qué tan cansada esté de explicar la realidad de emigrar y lo pesada que es la responsabilidad de empoderar a mi comunidad, quienes tenemos acceso a recursos y oportunidades se lo debemos a aquellos que no los tienen.

En nuestro segundo vuelo casi fuimos los últimos en abordar, así que no pudimos encontrar asientos juntos y él se sentó en la fila de enfrente. De vez en cuando se giraba para mirarme, como para asegurarse de que siguiera ahí, sus ojos grandes y un poco perdidos. El movimiento constante, la sola escala del avión, parecían abrumarlo. Me ofrecía una sonrisa tímida, casi tentativa, y luego llevaba la vista al frente otra vez.

En Sacramento lo guie hacia el tren ligero en la terminal principal y miró alrededor, absorbiéndolo todo; la tecnología alrededor lo asombraba. En la sección para recoger el equipaje, entre el clamor de maletas rotando sobre la banda, miramos alrededor buscando a su familia, pero todos los rostros eran de extraños.

—No están —dijo. Vi el pánico en sus ojos. Yo ya sabía que, si no venían, lo llevaría a casa conmigo. No lo iba a dejar ahí, varado en el espacio enorme y desconocido de la terminal y con el eco distante de los anuncios en inglés. Le entregué mi teléfono y le dije que les llamara. Sus hermanos dijeron que estaban atorados en el tráfico, que no sabían cuánto iban a tardar, pero que sin duda iban para allá. Me hubiera gustado que llegaran antes para ser testigo de su feliz reencuentro, para irme sabiendo que ya estaba a salvo.

Mi hermana me envió un mensaje diciendo que estaba afuera esperándome.

—Tengo que irme —dije—. Lo siento.

—Estaré bien —dijo.

Le di un abrazo, y al abrazarme de vuelta murmuró:

—Gracias por todo. Se lo agradezco.

—Espero que todo salga bien y te puedas quedar. Construye una vida aquí. —Al marcharme pude sentir sus ojos siguiéndome hasta salir del aeropuerto. Se me encogió el estómago de la preocupación.

Por suerte, tenía el teléfono de su hermano en el mío, y media hora después le escribí para preguntar si ya lo habían encontrado. Su respuesta decía:

Sí, ya está con nosotros.

Luego entró un segundo mensaje, de él quizás:

Que Dios la bendiga.

Su sencilla respuesta resonó más allá de las palabras, soportando el peso de su viaje, de su esperanza y de su confianza.

Igualmente, que Dios te bendiga.

Contesté.

Dos días después, de vuelta en el aeropuerto, a punto de abordar mi siguiente vuelo a la ciudad número veinticuatro, pensé en él. No podía quitarme de la cabeza la sensación de que mi trabajo me había llevado directamente a ese encuentro.

Pensé en su sufrimiento. Mi esperanza era que su petición de asilo encontrara compasión y le permitieran quedarse y traer a su familia algún día. Recordé mi propia historia, la larga separación de mi padre, mi arduo viaje para encontrar un hogar en Estados Unidos. La retórica de odio del presidente de Estados Unidos reverberaba en mis oídos. Aunque yo estaba agotada, la historia de este joven me devolvió las ganas de seguir. Me recordó que mi viaje es el mismo que el de muchos otros, y que cada historia cuenta en la lucha por la dignidad y la justicia.

Abordé ese avión determinada a seguir luchando por todas aquellas hijas sin padre y todos aquellos padres sin hijas, separados por las murallas de una frontera, anhelando el día en que puedan estar juntos otra vez.

Historia de terror

Siempre se pide a los pueblos oprimidos que se expandan un poco más, que salven la brecha entre la ceguera y la humanidad.

—Audre Lorde[1]

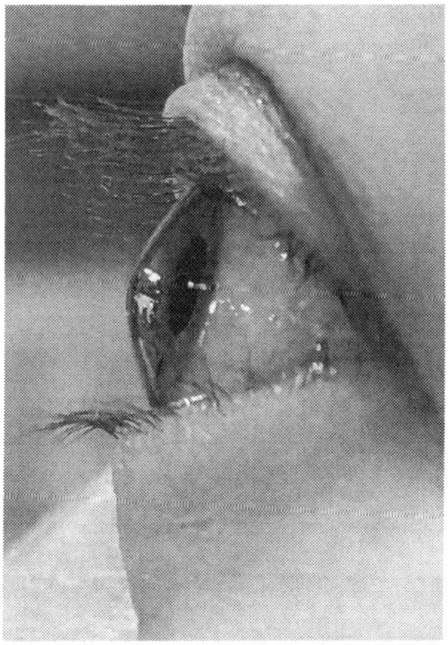

El ojo izquierdo de Reyna con queratocono

Poco después de cruzar la frontera a los nueve años empecé a sentir que, ante los ojos de este país, no era una niña, sino una criminal. Tres años después, luchando por sobrevivir en una tierra que criminalizaba mi existencia, me refugié en las historias para encontrar consuelo. En la sección de cuentos de hadas de la biblioteca pública descubrí *La reina de las nieves*, de Hans Christian

Andersen, y aprendí sobre el espejo del Diablo. Un duende lo creó para distorsionar los reflejos, volviendo a todos horrendos. El espejo se rompe, sus astillas entran en los ojos y los corazones de las personas, volviéndolas crueles e incapaces de ver el bien.

Muchos en Estados Unidos, ciegos ante nuestra humanidad, ven a los migrantes como una amenaza, un peligro, una enfermedad. Esta retórica distorsionada y peligrosa evita que varios observen la verdad de nuestra vida y nuestra contribución. Yo imaginaba las astillas malvadas del espejo del Diablo trastornando su mirada, torciendo su compasión en crueldad.

Esta sensación de ser vista injustamente, de ser considerada algo aterrador, me viene a la mente a los 42 años, cuando la oculista me dice:

—Eres la historia de terror que leemos en los libros de texto.

Me encuentro en el consultorio de una nueva oftalmóloga para revisar mi visión borrosa. En lugar de procesar sus palabras sobre cómo ha empeorado mi vista, provocaron una reacción distinta. Al llamarme historia de terror, por un segundo pensé que se refería a mi identidad como migrante mexicana. Subo la guardia. Parpadeo, miro sus facciones borrosas, su cabello rubio, la piel clara, y me pregunto si es republicana, partidaria de Trump.

Como exmigrante indocumentada, estoy acostumbrada a escuchar a otros hablar de gente como yo de esta manera, en libros, artículos, televisión, radio y otros espacios. El constante escrutinio, la sensación de ser vista como un "problema", refleja mi ansiedad por el deterioro de mi visión.

Ambos puntos me hacen sentir vulnerable y ajena.

Somos una pesadilla para los estadounidenses que nos temen, que hablan de nosotros como invasores, una horda, una inundación, una plaga... Pero me doy cuenta de que la doctora no está soltando insultos raciales contra mí ni me convierte en una amenaza percibida. Está hablando de mi deterioro ocular, provocado o exacerbado por el LASIK, una cirugía ocular correctiva. Cuando me llama historia de terror se refiere a uno de "los peores escenarios" que estudió en la escuela de oftalmología, una complicación que puede derivar de esta clase de procedimiento.

—No eras una buena candidata para el LASIK —dice.

La cirugía LASIK se realiza contigo despierta en la mesa de operaciones. El procedimiento de veinte minutos consiste en crear un minúsculo pliegue en tu córnea para acceder al tejido subyacente. Un láser —un rayo de luz diseñado para remodelar el tejido— corrige tu visión. El pliegue vuelve a su posición original y sana de manera natural. Tus córneas deben ser gruesas y lo suficientemente fuertes para conservar su estructura firme después. Una complicación rara, pero devastadora, del LASIK es la ectasia corneal, donde la córnea se adelgaza y se deforma, dejando tu visión permanentemente distorsionada. El queratocono es la forma más común de ectasia, en la que las córneas debilitadas sufren un adelgazamiento progresivo, pierden su forma y se proyectan hacia afuera, como un cono.

Es una progresión lenta que avanza sin dolor. No te das cuenta de que te estás convirtiendo en una historia de terror.

Empecé a usar lentes en la secundaria. Unos quince años después, a punto de cumplir treinta, cansada de no poder ni ver mi despertador sin lentes, decidí hacerme la cirugía LASIK. Programé una consulta, donde midieron mis córneas y me hicieron pruebas, y después de decirme que todo estaba bien, agendamos mi operación. Fue rápida y no demasiado dolorosa, por lo cual me sentí agradecida. Mientras el láser se movía sobre mi ojo, me pregunté por los riesgos en mi búsqueda de una mejor visión.

Terminado el procedimiento, pasé todo el día y la noche con los ojos cerrados, tal como me indicaron. Pero a la mañana siguiente, ¡abrí los ojos y pude ver sin lentes! Sentí que era un milagro.

Esa nitidez duró casi una década. Luego comenzó un desgaste lento, y al llegar a los cuarenta, necesité que me revisaran los ojos otra vez. Lo último que esperaba era el diagnóstico de una enfermedad ocular degenerativa.

Querato (córnea) + cono = una nueva etiqueta para describirme.

Una persona de cada dos mil la tiene. Otra estadística para definirme.

Mi oculista me explica que yo no cumplía con los requisitos de grosor necesarios para realizar el LASIK. Le dije que el cirujano me dio el visto bueno como candidata. ¿No me habría rechazado si mis córneas no fueran lo suficientemente gruesas? ¿O lo habría hecho de todas maneras, tomando mi dinero y sabiendo lo que estaba haciendo? ¿Negligencia? ¿Avaricia?

¿Cómo es que me convertí en una pesadilla LASIK?

En *Quisiera ser millonario* —que vi en mis treinta mientras disfrutaba una recién restaurada visión con LASIK—, niños pobres caían presa de un hombre cruel que los obligaba a mendigar. Mendigos ciegos, como él sabe, representan el doble de ganancia. En una escena espantosa, un acto grotesco de deshumanización, duermen a uno de los pequeños niños huérfanos y le vierten aceite caliente en los ojos, quemándole las córneas. Esa escena me hizo tener un miedo visceral de volverme una "historia de terror". Quizás fue una premonición.

En la preparatoria, viviendo con mi padre y mi madrastra, mi hermanastro vino a vivir con nosotros. Era legalmente ciego porque lo había atropellado un carro siendo niño. La contusión en su cabeza resultó en una pérdida permanente de visión, pero aún percibía la luz. Se casó con una mujer que conoció en la escuela de braille, y ella se mudó también con nosotros. Estaba completamente ciega y tenía las córneas nubladas. Le gustaba sentarse conmigo a ver la televisión, y me pedía que le contara qué pasaba en la pantalla. Es posible que ella fuera mi primer entrenamiento como escritora: aprender a describir con vívido detalle a mi lector lo que el ojo de mi mente veía.

Con el queratocono, tus córneas prominentes distorsionan la luz que entra al ojo; la esparcen y dificultan procesar la información visual. Es peor de noche o en espacios oscuros, como un cine. Ves fantasmas. Ves fuegos artificiales. Ves halos, como si miraras a través de los ojos de Van Gogh cuando pintó el cielo estrellado y la luna. Una teoría sobre los halos de Van Gogh es envenenamiento por el plomo de sus pinturas, el cual hinchaba sus retinas. Pero de noche, mirando la luna y las estrellas brillantes con halos alrededor, me pregunto si él tenía queratocono.

Para tener una imagen más clara de esta condición, me hicieron una topografía, una prueba especializada que muestra la curvatura, la elevación y la forma de mis córneas. La palabra *topografía* me hace pensar en colinas y valles, ríos y océanos. ¿Hay un mundo en el interior de mis ojos? ¿O una galaxia entera?

Me entregan una impresión de los hermosos mapas 3D con código de colores de la superficie de mis córneas. Áreas verdes, azules, amarillas, anaranjadas y rojas. Muchas rojas, mi color favorito. Las rojas van bien con la tonalidad cálida de mi piel morena. Pero aquí, el rojo es malo. El rojo significa demasiado delgado. El rojo implica un efecto pronunciado. Mis córneas, en especial la izquierda, se ven como volcanes a punto de hacer erupción.

Me hacen pensar en otros mapas rojos.

Como el mapa electoral de Estados Unidos cuando eligieron a Trump presidente en 2016 y 2024.

O el mapa creado por la organización Fronteras Humanas, que registra las muertes de migrantes en el desierto de Sonora, junto con las coordenadas GPS, la fecha del descubrimiento, el nombre y la causa de muerte, si se conoce. Un mapa lleno de puntos rojos que se superponen, uno por cada cadáver hallado, una marca de dónde los sueños, como la vista, se perdieron. Los puntos rojos que parecen multiplicarse y multiplicarse año tras año, como la sangre que se extiende sobre la región fronteriza.*

La doctora dice que observarán la progresión de mi queratocono con una topografía anual. Al escuchar que observarán el *deterioro* de mis ojos, me rindo ante la desesperanza, viéndome cruzar

* Para ver estos mapas, por favor visita humaneborders.org.

la frontera hacia "el país de los ciegos".* Me resulta difícil verme como alguien incapacitada.

Topos en griego significa "lugar", y *grafía* es de la palabra griega *graphein*, "escribir". Sin embargo, en las mañanas, cuando me despierto con la mirada más borrosa de lo normal, me golpea la realidad de una posible ceguera y pierdo mi deseo de escribir. El aislamiento, la pena y la preocupación secuestran mi mente, bloquean el acceso al lugar desde donde fluye mi narrativa.

Mi limitación visual afecta cómo me muevo en el mundo: con más preocupación, ansiedad y miedo. Debo aprender a navegar mi deterioro, mi visión borrosa, así como he aprendido a navegar las percepciones distorsionadas de los inmigrantes que tiene este país. Mi estatus de inmigrante, mi piel morena, mi "otredad" han provocado angustia mental y emocional, obligándome a adaptarme. Estar afuera en el mundo hoy, me produce una inseguridad y una incertidumbre mayor. Es un aislamiento confuso... una nueva manera de ser excluida.

No solo me encuentro en un viaje de migración, sino en un viaje hacia la pérdida de mi visión. Así como el paisaje entre la frontera de México y Estados Unidos está plagado de riesgos, así también es el "paisaje entre la ceguera y la vista".[2]

Tengo una visión muy distinta en cada ojo. Mi ojo derecho ve bastante bien con una graduación de –3.50, pero mi ojo izquierdo está

* El cuento de H. G. Wells "El país de los ciegos" se publicó por primera vez en 1904, y se trata de una aldea remota asolada por una enfermedad de ceguera mucho tiempo atrás, donde ya todos aprendieron a vivir sin visión. Un hombre que puede ver se topa la aldea e intenta gobernarlos, pero termina huyendo cuando los aldeanos quieren extirparle los ojos, insistiendo en que tiene una obsesión malsana con ver.

tan deteriorado, que no alcanzo a ver la enorme letra *E* de la tabla. Tareas simples, como aplicarme delineador, son imposibles con ese ojo, y no hay lentes con una graduación suficiente. Así que me pusieron lentes esclerales especiales. Son duros y extragrandes, diseñados para embonar encima de mis córneas irregulares, y descansan sobre la esclerótica, el blanco de mis ojos. Vienen con una bomba de succión miniatura para retirarlos. No los aguanto más que unas horas, y si bien son incómodos, estoy agradecida. Sé que mi pérdida de visión podría ser peor. La gente con mi condición no es "legalmente ciega", y a diferencia de otras enfermedades oculares, el queratocono muchas veces se puede corregir, ya sea con estos lentes o, como mi especialista me dice, con un trasplante si la condición progresa.

La idea de un trasplante de inmediato resonó con mi propia vida. Como migrante, ya he experimentado una profunda forma de trasplante corporal y desarraigo psicológico. Mi ser entero sigue soportando el dolor fantasma de esa vida que dejé atrás.

Después de experimentar con animales, el primer trasplante de córnea exitoso del que se tiene registro fue en 1837, de gacela a gacela. Pasarían sesenta y ocho años más hasta que fueran posibles los trasplantes de córnea humanos. Pero incluso ese triunfo inicial se complicó por el rechazo del injerto. Casi siempre las córneas donadas son de gente difunta, pero en este impresionante caso, se utilizó la córnea de un niño de once años vivo para salvar la vista de un granjero de cuarenta y cinco años. El niño perdió el ojo debido a una lesión penetrante. El granjero se había quemado las córneas con cal limpiando su gallinero. El injerto fue un éxito.

El intercambio de partes del cuerpo —ya sea entre especies o entre personas— posee una historia vasta y legendaria. De hecho, se dice que fueron los antiguos griegos quienes primero imaginaron la posibilidad de un trasplante. Un buen ejemplo es el monstruo mítico quimera, una criatura compuesta por distintas partes de animales. En los términos científicos de hoy, una quimera es un organismo con al menos dos tipos de ADN. Las personas que reciben un trasplante de tejido o de algún órgano, se consideran quimeras artificiales. Para evitar que su cuerpo rechace el órgano extraño, los receptores deben tomar inmunosupresores por el resto de sus vidas.

Vivir como una quimera es vivir en perpetuo conflicto: un cuerpo que se pelea contra sí mismo, una lucha constante para integrar y resistir la parte ajena.

Ser forzado a dejar tu patria hace que ajustarse a un nuevo país sea un proceso doloroso. Echar raíces en un ambiente extraño implica desprenderse de todo lo que conoces, lo cual conduce a una inmensa pérdida: de familia, comunidad, amistades, lenguaje e identidad cultural. La nostalgia de lo que se queda en el pasado te atrapa, obligándote a vivir de manera simultánea en el presente y en el pasado, una indigencia emocional perpetua. Por primera vez entiendes lo que significa ser definido por tu raza. Sujeto a una nueva categoría: "inmigrante ilegal".[3]

El trauma de la dislocación, el peso del desplazamiento y la inestabilidad, se intensifican conforme un nuevo idioma se injerta en tu lengua, una nueva identidad queda trasplantada a tu ser, una nueva visión del mundo queda incrustada en tu mente. Luego viene un tiempo en que te miras en el espejo con nuevos ojos y ya no te reconoces. Te empiezas a volver una quimera, el ADN de dos lenguas, dos culturas, dos países ahora en guerra en tu interior. Y al igual que cualquier receptor de un trasplante, aprendes muy rápido que la única manera de sobrevivir es automedicarte: tomar esos inmunosupresores emocionales que silencian el yo nativo y obligan a la nueva identidad a echar raíces.

Esa batalla interna persiste hasta que abrazas tu identidad como un ser injerto y reconoces que tus fuertes cimientos mexicanos son precisamente los que le permiten prosperar a tu nuevo yo.

La primera vez que supe de los trasplantes de córnea fue de adolescente, y no en un libro de medicina, sino en la telenovela *En carne propia* (Televisa, 1990). Una joven mujer (Edith González), ciega desde niña debido a la explosión de un helicóptero, se somete a un trasplante de córnea. La donadora era su madre (Angélica Aragón), que murió aterradoramente —ahogada por su esposo en una pecera después de que descubriera sus terribles secretos. Poco después de recibir el trasplante, la hija empieza a ver los recuerdos de su madre muerta y la atormentan sus traumas.

Yo pienso en mi donador potencial. Cuando su tejido corneal se vuelva parte de mí, ¿sus experiencias de vida también se insertarán en mi alma? ¿Veré el mundo tintado con los fantasmas de su percepción, de su trauma?

Para alguien con queratocono, la luz misma es tanto amiga como enemiga. El queratocono provoca fotofobia, un término engañoso. No quiere decir miedo a la luz, solo sensibilidad a los resplandores brillantes. Algo que un buen par de lentes de sol podría calmar. Lo que más temo es la oscuridad, mi ceguera nocturna. ¿Puedo tener fotofobia y nictofobia al mismo tiempo?

Conforme progresa mi queratocono, manejar de noche ya no es seguro. El contraste entre la oscuridad y las luces brillantes del tráfico y los semáforos crea un destello parecido al de los fuegos artificiales y centellas. Juego carreritas con el sol para llegar a casa antes de que se esconda. Pero incluso caminar en la noche tiene su riesgo, y lo hago a tientas, cuidándome de lo que creo que veo versus lo que está o no está ahí. Hasta me dan miedo las sombras. Lo que puedo ver como una sombra podría ser un escalón, engañándome para hacerme caer.

Yo debería saber vivir a oscuras. Es el espacio al que se obliga a muchos inmigrantes a ocupar en una nación que ve lo que no está ahí: amenaza, peligro, invasión. Quienes sobrevivimos el viaje a Estados Unidos —escapando al destino de esos tétricos puntos rojos en los mapas de la muerte— ahora navegamos en una constante in/visibilidad.

En este ambiente cada vez más hostil, los inmigrantes habitan las sombras para evadir la mirada juiciosa que solo ve lo "extranjero". La invisibilidad es capaz de proveer seguridad, refugio y la oportunidad de sobrevivir. Por otra parte, puede volvernos más vulnerables, condenándonos al silencio y a la impotencia.

El instinto de pelear por visibilidad nos quema por dentro, un deseo de ser vistos, oídos y de reclamar el dominio de nuestra propia narrativa. Pero ser visto tiene sus riesgos. Ser demasiado prominentes nos expone a la mirada blanca. A ser percibidos perpetuamente como extraños. La hipersensibilidad nos somete a la vigilancia, cada error bajo escrutinio, cada defecto magnificado, cada dificultad utilizada para demonizar a la comunidad entera.

El miedo a expresarnos es constante. ¿Mis palabras atraerán atención no deseada, no solo hacia mí, sino hacia mi comunidad tan vulnerable? ¿Recalcar mi presencia conducirá a un peligro mayor, a las consecuencias bastante reales de ser una presa fácil en este clima de miedo? Aprender la intrincada danza de la in/visibilidad no es una opción, sino un acto necesario de supervivencia, un acto diario de autopreservación.

Ser visto y no visto, navegar este territorio hostil de luz y sombra: esta es nuestra frágil realidad.

En *La reina de las nieves*, una astilla del espejo del Diablo se incrusta en el ojo de un niño llamado Kay, volviéndolo grosero y cruel, haciendo que vea hasta las mejores personas como malas. Es salvado cuando su amiga, una niñita llamada Gerda, llora lágrimas cálidas de amor, derritiendo su helado corazón. Esto le permite al niño llorar, y con las lágrimas se separa la astilla de su ojo y se cae.

Si el amor y la compasión pueden sanar un corazón blindado por la distorsión, tal vez sean capaces de ayudarnos a vernos unos a otros con claridad. Es posible que, con suficientes lágrimas y empatía, logremos lavar las astillas que nos impiden ver la belleza en las historias de los demás.

Pero ¿cómo curas a un país de sus percepciones distorsionadas? ¿Cómo lo hacemos llorar para que logre vernos al fin?

A falta de riego sanguíneo, la córnea sobrevive gracias al oxígeno que absorbe a través del contacto con el aire. Y de las lágrimas.

Cuando mi sobrino de veintiocho años se quita la vida, su esposa dona sus órganos y tejidos a un centro de obtención de órganos. El técnico de recolección de tejido le quita las córneas. Semanas después, pasado el shock de su muerte, pero no el dolor, nunca el dolor, mi hermana y yo hablamos sobre mis problemas de la vista, pensando en las córneas de su hijo. ¿Dónde están ahora? ¿A quién le pertenecen?

Mago dice:

—Me hubiera gustado que tú te quedaras con las córneas de Aidan.

De haber hecho el injerto en mis ojos, yo pude haber visto el mundo por él, conservado una parte de mi sobrino viva con mis propias lágrimas.

Algunos en Estados Unidos declaran orgullosos ser daltónicos, afirmando: "Cuando te miro, no veo color" o "Solo hay una raza, la raza humana" o "No me importa si eres morado, verde o de puntitos. Yo solo veo personas". En otras palabras, si no ven razas, asumen que el racismo no existe. Esta perspectiva ignora las inequidades, la historia de violencia y opresión, y el trauma generacional infligido sobre la gente de color

El daltonismo no es el remedio para el racismo como se promueve. En cambio, distorsiona aún más las percepciones de quienes se rehúsan a reconocer el impacto muy real de la raza en las vidas de las personas de color. Cuando algunos estadounidenses dicen no ver color, evitan las conversaciones difíciles sobre la raza, rehusándose a enfrentar verdades incómodas de la injusticia sistémica e histórica, y se niegan a reconocer su propio privilegio. Pero ¿cómo cambiar lo que te rehúsas a ver?

"Soy invisible, entiendes, simplemente porque la gente se rehúsa a verme", escribe Ralph Ellison en *El hombre invisible*. "Dicha invisibilidad a la que me refiero ocurre debido a una particular disposición de los ojos de las personas con quienes entro en contacto. Es cuestión de la construcción de sus ojos *internos*, los mismos ojos con los que observan a través de sus ojos físicos la realidad".[4]

Tal vez la historia de terror real no sea la ceguera como tal, sino la forma como elegimos vernos —o no vernos— unos a otros. Como menciona Robin DiAngelo en *Fragilidad blanca*: "Si bien es posible que la idea del daltonismo haya empezado como una estrategia bien intencionada para interrumpir el racismo, en la práctica ha servido para negar la realidad del racismo y mantenerlo entonces en su lugar".[5] Quienes afirman no ver colores no solo invalidan nuestra experiencia, sino que se vuelven cómplices activos en la perpetuación de los propios sistemas que nos oprimen.

Decir que no ven colores es otra forma de volvernos in/visibles.

¿Qué he ganado por ser una quimera cultural? El injerto de mis piezas mexicanas mutiladas con las de Estados Unidos me convirtió en un ser híbrido. Lejos de ser inferior —menos que o no lo suficiente—, me ha hecho más. Volverme bilingüe, bicultural y binacional me concedió entrada a dos mundos, la capacidad de deconstruir y construir, de adoptar nuevas perspectivas. Mi identidad como inmigrante, como alguien que cruzó la frontera, me aportó un lente nuevo para ver el mundo. Puedo cambiar de punto de vista, mantener un pie en cada cultura, ver ambas desde el interior y el exterior. O como dijo Gloria Anzaldúa con tanta elocuencia: "Soy el acto de amasar, de unir y formar, que no solo ha producido tanto una criatura de la oscuridad como una criatura de la luz, sino una criatura que cuestiona las definiciones de la luz y de las sombras, y les otorga un nuevo significado".[6]

Tengo cita con una oftalmóloga especializada en lesiones de córnea para explorar la posibilidad de incluirme en una lista de espera para un trasplante. Mental y emocionalmente, me he preparado a mí misma para realizar la cirugía, por lo menos en el ojo izquierdo. Estoy cansada de navegar el mundo con una dosis extra de miedo e incertidumbre por mi pérdida de visión.

—¿Cuántos dedos tengo levantados? —pregunta la especialista, después de pedirme que me cubra el ojo derecho y mire con el izquierdo.

—¿Tres? —digo, entornándolo y acordándome de no contar los fantasmas.

—Tu visión no está tan mal como para que sea recomendable un trasplante —dice. Mientras sea capaz de distinguir cuántos dedos borrosos levanta, no soy candidata—. Es una cirugía considerable. Puedes rechazar el injerto. Es posible que necesites repetir la operación. Se puede infectar. Podría ser muy doloroso. Por lo general nos esperamos hasta que la situación esté muy mal. La esperanza es que eso nunca pase, ¿sabes?, pero si progresa mucho, entonces vale la pena hablar del riesgo porque ya en ese momento no hay nada que perder.

De vuelta al limbo. Ciega, pero no lo suficientemente ciega. En mi trayecto a casa, manejando con suficiente luz todavía, de luto por la pérdida de unas córneas nuevecitas, me digo a mí misma que debería verlo como una bendición. El queratocono solo es una parte de mi historia. No me tiene que definir. Tener esta discapacidad no es la tragedia griega que me parecía. Mi visión, con todo y sus fantasmas y halos, sigue siendo la mía. Es el mismo lente con el cual aprendí a ver las distorsiones del mundo. Me di cuenta entonces de que tener algo que perder —mi perspectiva, mis historias— es precisamente lo que me da la claridad necesaria.

Pero mientras navego este mundo, con sus sombras literales y metafóricas, sé que la verdadera vista es más que solo una visión nítida. Es asegurarnos de que nadie siga siendo invisible, que ninguna historia se quede sin contar. A través de mi escritura, espero ofrecer mis propias "lágrimas" de entendimiento; tal vez desalojen las astillas del espejo en los ojos de otros más y los ayuden a observar la experiencia migrante con claridad. Y ahora me doy cuenta de que esa es la visión a la que debo aferrarme, sin importar qué tan borroso me parezca el mundo.

El diccionario de la muerte de un padre

Los niños que sufren maltrato a menudo tienen
dificultad para regular sus emociones.
El odio y el amor se entremezclan:
la gente que amas también es la gente a quien odias.
—Doctora Galit Atlas[1]

Natalio Grande

- Al-co-ho-lis-mo, *m.*
  1. La fuerza que mantiene a una persona bebiendo.
  2. Una causa vinculada con el cáncer de hígado.

3. Una enfermedad en la que una hija intenta creer para evadir la verdad.

Véase: "Tu padre te dio tu primera probada, pero fue tu propia mano la que siguió levantando la cerveza hasta tu boca, aun después del diagnóstico de cáncer. Estoy buscando respuestas, una manera de entender. Aprendo que el **alcoholismo** es un trastorno, una condición médica, una enfermedad cerebral crónica. No una decisión diaria que se toma en contra de tus hijos. Pero el alcohol no es lo único de lo que abusas".

- Ba-jo de pe-so, mo-de-ra-da-men-te, *adv.*, *locución*.
  1. Un térmico clínico que no logra capturar la velocidad de un colapso.
  2. La prueba matemática de que un cuerpo desaparece a simple vista.

Véase: "Tu expediente médico indica los números, una historia contada por una báscula: 143 libras en julio. 136 diez días después. Para agosto, 112. Una pérdida de 31 libras en cuatro semanas. La evaluación al final de la página aporta una conclusión que es a la vez clínicamente precisa y profundamente falsa: **moderadamente bajo de peso**".

- Car-ci-no-ma he-pa-to-ce-lu-lar, *m*.
  1. Un cáncer que encuentra su hogar en un hígado dañado.
  2. Una enfermedad silenciosa que se esconde hasta que ya te venció.
  3. *(Coloquial)* La razón de que tu cumpleaños número sesenta y cuatro sea el último.

Véase: "El doctor explicó el diagnóstico —**carcinoma hepatocelular**—, una forma imparable de cáncer que prospera en hígados como el tuyo, marcados por la cirrosis. Dijo que era la tercera causa de muerte por cáncer, muchas veces escondiéndose hasta que ya es demasiado tarde. Para tu cumpleaños número sesenta y cuatro, celebrado en el interior de esas paredes estériles de hospital, escuchábamos la versión lúgubre de 'Las mañanitas' en el incesante sonido de las máquinas".

- Con-mi nar, *v.*
  1. Ofrecer una sugerencia clínica para el bienestar de un paciente.
  2. *(Coloquial)* Tener el padre que siempre deseaste justo cuando estás a punto de perderlo.

Véase: "Notas de tus enfermeras: *Se le **conmina** a expresar sus necesidades. Se le **conmina** a usar zapatos con suela de goma. Se **conmina** a algún familiar a que se quede con el paciente.* Soy culpable de no seguir las órdenes de las enfermeras. No vengo lo suficiente y, cuando lo hago, no me quedo mucho tiempo. Soy testigo de la piel ictérica, del abdomen inflamado, del aspecto esquelético. Lo que me deshace es tu recién encontrada suavidad. Tus ojos implorando mi presencia. Tu voz es paciente, cariñosa, tan condenadamente paternal. Ese no es el padre que yo conocí, pero es el que siempre quise tener. Que se necesitara un cáncer para que lo dejaras salir me llena de rabia. Aún recuerdo el dolor en tu voz cuando me levanto. '¿Ya te vas tan pronto?', preguntas".

- Dien-te de le-ón, *m.*
  1. Un sobreviviente confundido con una hierba.
  2. Una persona con el valor de irse y empezar de cero.

3. La belleza que crece en el abandono, ofreciendo una cura para todo, excepto para lo que más importa.

Véase: "Después de años de insultarlo llamándolo maleza, aprendí que el majestuoso **diente de león** es medicinal. Miré mi jardín por la ventana, que ya lleva días desatendido, incluso semanas, y los veo crecer entre las rosas que me diste.

—Su raíz estimula la inmunidad, desintoxica el hígado ¡y previene el cáncer! —te cuento emocionada por teléfono.

Tú te ríes y dices:

—Es muy tarde para eso, Chata.

Aun así, vienes. Juntos nos arrodillamos en mi jardín, como si rezáramos. Arrancamos varias raíces y flores amarillas para hacer té, hojas dentadas para hacer sopa, soplábamos bolas de semillas plumosas para los deseos. Pero junto a tu cama de hospital, entiendo la verdad: no hay deseos suficientes en el **diente de león** para salvarte".

- Do-lor, *m*.
  1. Una condición medida en la escala del uno al diez, documentada en fragmentos.
  2. La molestia de un paciente, que en ocasiones es aceptable, en ocasiones severa y en ocasiones negada.

Véase: "Tu expediente médico catalogaba tu **dolor** en un lenguaje clínico distante: ***Dolor** agudo. 9/10. Medicado para el **dolor** como se indicó. Despierto y coherente niega sentir incomodidad. Aguanta **dolor** abdominal leve. El paciente se queja de severo **dolor** de espalda, 8/10. No se declaró tener **dolor** en este momento. No hay señales de malestar agudo.* Las notas registran la subida y bajada de un sufrimiento que yo solo puedo observar. Ellos no saben que mi **dolor** tiene su propio expediente, uno sin escala ni alivio".

- Es-pe-ra, *f.*
  1. Un estado clínico entre un diagnóstico y una decisión, medido en la disponibilidad de una cama.
  2. Un purgatorio creado con notas médicas, listando una serie de esperanzas, aguante e infecciones.

Véase: "Tu expediente se volvió un registro de **espera.** *Posible transferencia de UCLA pendiente de decisión sobre trasplante. Aceptado en UCLA, esperando cama. Trasplante en pausa debido a Legionella pneumonia. En **espera** de traslado después de completado el tratamiento. Aún no hay cama en UCLA.* Cada entrada era un universo de esperanza y colapso, un limbo burocrático en el que la meta era simplemente permanecer seguro, libre de lesiones y protegido de infecciones hasta que al fin estuviera disponible una habilitación en algún lugar del otro lado de la ciudad".

- Es-te-re-o-ti-po, *m.*
  1. Una verdad que se descarta porque ya se contó antes.
  2. Una preocupación que es irrelevante frente al trauma vivido.

Véase: "Dos años después de que te hayas ido, en un panel de memorialistas en la Feria del Libro de *Los Angeles Times*, el moderador me preguntará si me preocupa escribir un **estereotipo**, el padre mexicano inmigrante, alcohólico y violento. Yo pensaré en tu cinturón, en tus puños y en la nota del médico en tu expediente: *El paciente rechazó enfáticamente asesoría psicológica*. Entonces me inclinaré hacia el micrófono y diré:

—Estoy segura de que cada vez que mi papá me molía a golpes no le preocupaba ser un **estereotipo**. ¿Así que… por qué… debería… preocuparme… a mí?".

- Fron-te-ra, *f.*
  1. Tierra de nadie entre dos naciones, donde la espalda de un padre se vuelve el único paso de un hijo.
  2. Un lugar de contienda y resistencia.
  3. El principio, no el final, del camino a casa.

Véase: "La primera vez que me cargaste de caballito fue en alguna parte de la **frontera** entre Estados Unidos y México, cuando me echaste sobre tu espalda, un bulto pequeñito, y corriste a través del desierto. Pero incluso así, los ojos de la Patrulla Fronteriza nos encontraron en ese último tramo. Nos llevaron, mantuvieron a tus hijos asustados afuera en el pasillo mientras tú entrabas para ser interrogado. ¿Te pidieron explicaciones? ¿Te juzgaron? ¿Te culparon? ¿Te hicieron sentir que eras un fracaso como padre? Cada minuto se sintió como una vida entera. Pero luego te devolvieron con nosotros, nos subieron al vehículo —los cuatro juntos aún— y nos deportaron a Tijuana. Para intentarlo de nuevo".

- Ge-né-ti-ca, *f.*
  1. La explicación científica de una maldición familiar.
  2. La fuerza para sobrevivir a las cosas que heredaste y las que no.
  3. La búsqueda de una conexión que no está ahí.

Véase: "El único premio que gané en la lotería **genética** fue la única que tú no pudiste guardar para ti: un día tranquilo, sobrio".

- Hie-rro for-ja-do, *m.*
  1. El peso oculto de una enfermedad.
  2. El ingenuo intento de una hija de resolver un problema.
  3. Un amor tan pesado que no se puede levantar.

Véase: "Cuando leí sobre la importancia del hierro para alguien con tu condición, te compré un sartén de **hierro forjado.** Días después, cuando lo encontré en tu clóset, aun sin estrenar, me sentí rechazada.

—¿Por qué no lo has usado? —te pregunté indignada.

—No me lo aguanto, Chata —dijiste, con la voz cargada de vergüenza.

Tus manos siempre han sido tan fuertes, tan ásperas y llenas de callos, endurecidas por los años de trabajo manual. Sé de lo que son capaces esas manos. Tomo el sartén, y de pronto yo tampoco me lo aguanto".

- Ic-té-ri-co, *adj*.
    1. Indicio clínico de falla hepática que vuelve la piel y los ojos amarillos.
    2. Un punto de vista coloreado por el cinismo, la desconfianza y la decepción pasada.
    3. La única característica que con seguridad tus hijos heredarían.

Véase: "El examen físico indicó una apariencia **ictérica**, señal clínica de tu estado caquéctico. Más tarde, busco el otro significado: una visión negativa derivada de decepciones pasadas, una tendencia a juzgar severamente. No necesitaba a un médico para diagnosticar eso. Era una de las condiciones que compartíamos".

- I-gua-la, Gue-rre-ro, *m*.
    1. Una ciudad que tu corazón jura olvidar y tu alma exige recordar.
    2. Símbolo de violencia y corrupción, donde se cometió un crimen espantoso.

3. Sepultura de un cordón umbilical.

Véase: "Después de que tu hermana se robara la casa de tus sueños, que tú habías construido —la que te costó siete años lejos de tus hijos—, su traición te hizo jurar nunca volver a **Iguala, Guerrero**. Incluso compraste tu tumba en el Cementerio Forest Lawn, 'Un lugar donde el recuerdo vive y las historias se cuentan', decía su página web. Al final, tu nostalgia de inmigrante te reclama. Eliges ser cremado y pides que te lleven de vuelta a donde tu historia empezó. Un último cruce, no hacia un sepulcro donde vivan nuevos recuerdos, sino hacia tu ciudad natal, donde las viejas memorias nunca mueren".

- La-bor Day, *m*.
  1. Las ofertas de temporada que me costaron más de lo que me ahorré.
  2. El día que una llamada perdida se convierte en la última pregunta sin responder.

Véase: "Estoy en la calle, buscando ofertas, y con el ruido de la tienda no escucho tu llamada. Cuando llego a casa, lastrada con mi botín, veo tu nombre en la pantalla y me prometo a mí misma que te visitaré mañana. Pero ya no hay mañana. En este **Labor Day**, tu cuerpo se esfuerza por seguir vivo. Al día siguiente, el hospital llama. Dicen que debo ir, que es hora de decidir si debemos desconectarte. Que ya te has ido".

- Ma-ni-fes-ta-ción, *f*.
  1. La fotografía de un padre cobra vida.
  2. Cuando conoces a la persona que has pasado años recordando, solo para darte cuenta de que has recordado un fantasma.

Véase: "La primera vez que nos vimos, tenía nueve. Te conocía de una fotografía en blanco y negro, pero esta **manifestación** en la sala de mi abuela era a color; tu piel parecía tierra mojada por la lluvia. Mi tía me dio un empujoncito hacia adelante.

—Ve y saluda a tu padre.

Y yo me quedo de pie frente a ti, en mi vestido deshilachado, el cuero cabelludo lleno de piojos. Volviste para encontrar a tus hijos exactamente como los habías dejado: pobres y con hambre. Tu abrazo fue breve, inseguro, confirmando lo que los dos ya sabíamos. Yo era una extraña para ti y tú lo eras para mí".

- Na-ta-lio, *m*.
  1. [Del latín *natalis*] Significa "nacimiento" o "nacido en Navidad".
  2. Una promesa de calidez y espíritu festivo de la que un padre nunca estuvo a la altura.

Véase: "**Natalio** Grande es un hombre de sesenta y cuatro años con una historia clínica pasada que destaca por enfermedad hepática terminal secundaria a cirrosis alcohólica, a su vez complicada por carcinoma hepatocelular, ascitis con peritonitis bacteriana espontánea, encefalopatía hepática, embolia esplénica y fallo renal dependiente de diálisis".

- Ol-vi-dar, *v*.
  1. [Del latín *oblitare*] No recordar.
  2. La única cosa que un padre juró no hacer, la única cosa que una hija jura a cambio.

Véase: "En una tarjeta de Navidad enviada a México en 1983 escribiste las seis palabras que definirían mi memoria de ti: 'Tu papá que no te olvida'. Era una promesa que cruzó la frontera dos años antes que volvieras para ayudarnos a cruzar. Cumpliste tu promesa en aquel entonces, y yo cumpliré la mía ahora, la promesa de no **olvidar**".

- Pre-fe-ri-da, *adj*.
  1. De entre los hijos de una familia, la elegida para soportar la peor parte de la furia de un padre.

Véase: "De todos tus hijos, yo fui la **preferida**, receptora de tu ira, receptora de tus puños. ¿Qué estabas tratando de sacarme a golpes? Nunca lo sabré".

- Re-ca-í-da, *n*.
  1. El acto de buscar consuelo en el mismo veneno que creó la herida.
  2. Un momento de desesperanza que borra meses de progreso.
  3. *(Coloquial)* Un six de cervezas que te cuesta un hígado nuevo.

Véase: "Después de la consulta con el médico, tuviste una **recaída**. Te entregas a tu desesperación, y de camino a casa compras un six de cervezas. Un pequeño acto de rendición, una breve búsqueda de consuelo. Pero al día siguiente, una llamada telefónica, luego más análisis. El alcohol en tu torrente sanguíneo fue una verdad que no pudiste ocultar. La traición final de una sangre que ya no sabía mentir por ti. El veredicto fue inmediato: tu estatus en la lista de trasplantes cambió a 'No en lista'. Te lo estás haciendo a ti mismo, después de todo. ¿Por qué habrías de merecer otro?".

- Re-nun-ciar, *v.*
  1. Un verbo que contiene tanto el esfuerzo como su final.
  2. Rendirse, no por falta de voluntad, sino por haber traicionado tu cuerpo y que tu cuerpo te lo pague con su propia traición.
  3. Darte cuenta de que no puedes salvar a alguien decidido a ahogarse.

Véase: "Intentaste **renunciar** al alcohol. Y cuando no pudiste, tu cuerpo **renunció** a ti".

- Ries-go de ca-í-da, *m.*
  1. Evaluación clínica de la fragilidad de un paciente, su potencial de sufrir una caída accidental que tenga como consecuencia un traumatismo o una lesión.
  2. El cálculo que hace una hija entre dejar ir o aferrarse a su padre moribundo.
  3. El colapso de un tirano.

Véase: "En el hospital, cada día antes de que murieras, tuviste un **riesgo de caída** de 3 o más. Necesitabas una mano en la que apoyarte. Alguien que te observara dar pasitos, como un bebé. Listo para sostenerte. Yo prefería que estuvieras acostado cuando iba de visita para poder fingir que no te encontraba tan débil como te veías bajo las luces de hospital, entre el aroma estéril del antiséptico y el incesante pitido de las máquinas. De jovencita solía estar aterrada de oírte. Solía correr a mi recámara tan pronto como escuchaba tus pasos de ogro afuera, dando pisotones por toda la escalera al regresar del trabajo, irrumpiendo en la casa con tu ira reprimida, listo para rugir. Listo para morder. Ahora, tus piernas, que alguna vez fueron poderosas, ya no pueden dar un paso más sin que te quejes".

- Trein-ta y seis, *adj.*
  1. Una edad que no marca una celebración de la vida, sino el aniversario de una muerte.
  2. El día que una renace en el interior de una pena que desde antes conocía.

Véase: "Te moriste un día antes de que cumpliera **treinta y seis** años. Se siente como un último e intencional acto de abandono. A la mañana siguiente, en mi cumpleaños, no hay celebraciones. Solo despierto, renacida a una ausencia familiar, una hija sin padre. Otra vez".

- Vio-len-cia, *f.*
  1. Una condición que puede ser tanto la desintegración silenciosa de una familia como el fuerte chasquido de un cinturón.
  2. Un término que se convierte en insignificante después de que una nota clínica declara su ausencia.

Véase: "Tu expediente médico afirmaba que *un ambiente seguro se proveyó para el paciente*. La clase de ambiente que tú no lograste proveer a tus hijos. La **violencia** fue doble. Primero vino la **violencia** psicológica de una familia rota por la migración; ya había vivido tu duelo la primera vez que te fuiste. Luego regresaste y empezó la **violencia** física. Con cada golpe de tu cinturón, de tus puños, mataste al padre que anhelé durante toda mi infancia, una y otra vez".

- Xan-to-cro-mí-a, *f.*
  1. Una decoloración amarillenta del líquido cefalorraquídeo, señal de que el cuerpo se rinde ante la cirrosis.
  2. Palabra que una aprende solo cuando el cuerpo ya se apaga.

Véase: "La **xantocromía** era otro fallo interno. Un recordatorio de que, aun si te iban a mover y poner de nuevo en la lista, partes de ti se estaban apagando, añadiendo un nuevo y aterrador color a nuestro vocabulario de pérdida".

- Yar-das, *f.*
  1. El espacio del amor de un padre, medido en los pasos desesperados que se dan mientras se carga a una niña en la espalda.
  2. Un viaje de resultados inciertos que una debe estar preparada para hacer una y otra vez.

Véase: "El viaje al Centro Médico de UCLA quedaba a 33,440 **yardas**, cada una de ellas una plegaria silenciosa. Te esperaba el número de una habitación, un lugar en la lista de trasplantes, otra oportunidad. Pero la distancia se sentía imposiblemente grande, y me recordaba otro viaje: cuando al fin logramos cruzar la frontera y llegar a nuestra casa. La última yarda hasta tu puerta se sintió como una eternidad entonces, al igual que este viaje ahora. Ambos representan una clase de cruce, una medida urgente de esperanza".

- Ze-ro tol-er-ance, *f.*
  1. Una política gubernamental que impone la más dura penalización a familias desesperadas.
  2. Cuando un país trata a los seres humanos como una enfermedad.
  3. Una situación en la que cualquier decisión —dejar a tus hijos atrás o arriesgar sus vidas para traerlos contigo— es una violación.

Véase: "Cuando la administración de Trump aprobó su política de ***zero tolerance*** (cero tolerancia), pensé en ti. Cuando culparon a los padres por traer a sus hijos desde el otro lado de la frontera, quise defender las decisiones imposibles a las que te obligaron la pobreza y un sistema quebrado, explicar que yo había venido voluntariamente porque ya te había perdido una vez y me rehusaba a perderte de nuevo. Pero al final, discutir no importaba. Tu cuerpo ejerció su propia política de cero tolerancia, eliminándote de la lista de trasplantes, designándote demasiado enfermo para ser salvado. Fue la consecuencia final e imperdonable en una vida llena de ellas. En tu expediente, los médicos anotaron: *El paciente expiró 9/6/11. Plan: Resumen del fallecimiento a modo de seguimiento, presentar en el siguiente comité para consideración.* FIN DEL ENCUENTRO, una finalidad clínica, una instrucción para dejarte ir. Pero yo no lo haré. Cierro con esto en cambio: 'Tu hija que no te olvida'".

En busca de la casa de Hidra

Reyna, Eva y Diana en Grecia, 2024

Cuando el ferry se aleja del puerto de Pireo, me pongo los audífonos y presiono el botón de *play*. La voz de Sandra Cisneros llena mis oídos al escuchar el audiolibro de *Una casa propia: Historias de mi vida*. Mi ensayo favorito del libro es el primero, "La casa de Hidra". Y el lugar a donde me llevará el ferry: Hidra, una hermosa isla griega a menos de dos horas de viaje por mar desde Atenas, donde Sandra terminó de escribir *La casa en Mango Street*, en noviembre de 1982.

"Fuimos a Hidra porque se decía que estaba llena de artistas, y en Hidra nos quedamos porque era el paraíso".[1]

Sentadas junto a mí están mi hija de dieciséis años, Eva, y mi mentora, Diana Savas, que me presentó *La casa en Mango Street*. A los cuarenta y ocho, ya soy más grande de lo que ella era cuando me conoció y, sin embargo, sentada a su lado en este ferry, me siento de nuevo como esa joven de dieciocho años que entró a su salón, una mujercita que aún no descubría su potencial para contar historias.

Diana está tan emocionada como yo por este viaje y, como si pensara en esa joven que fui y la mujer y escritora que soy ahora, me sonríe y dice, "Estoy tan orgullosa de ti".

Unos meses atrás, Diana me escribió:

—Compré un vuelo a Grecia. ¿Quieres venir?

Como grecoamericana con fuertes vínculos con la tierra de su madre, Diana va seguido a Grecia. Me había invitado en varias ocasiones antes, y por un motivo u otro no pude ir. Pero esta vez, milagrosamente, las estrellas se alinearon ¡y al fin pude decir que sí!

¿Qué mejor manera de celebrar nuestro aniversario número treinta que en el país donde Sandra Cisneros terminó de escribir mi libro favorito? Un libro que quizás no habría descubierto si Diana misma no lo hubiera puesto en mis manos tantos años atrás. Decidí compartir este momento con mi hija, que también es una escritora y ama los mitos griegos y las distintas versiones de los cuentos de hadas. Diana no solo me convirtió a mí en una escritora, sino que, indirectamente, también a mi hija. Por eso se sentía bien que las tres hiciéramos este viaje juntas.

En octubre de 2015, cuando *Una casa propia* se publicó, la Biblioteca Pública de Los Ángeles me pidió que entrevistara a Sandra en el escenario. El evento en la biblioteca sería la primera vez que compartiría un escenario con Sandra, aunque no era la primera vez que la veía en persona. Para entonces ya me había vuelto miembro de su Taller de Escritores Macondo, y generosamente apoyó mis memorias *La distancia entre nosotros* tres años después. Se volvió mi mentora. Aun así, estuve tan nerviosa durante el evento, tan deslumbrada, que me preocupó no hacer las preguntas correctamente. Sentí los músculos tensos todo el tiempo y después me dolía el cuerpo entero. Diana asistió a la lectura y le presenté a Sandra. Ahí estábamos las cuatro. Yo con las dos mujeres que me habían convertido en escritora: la maestra de literatura que nutrió mi talento y la autora cuya obra me inspiró a soñar con tener una carrera literaria. Y mi hija, una escritora en ciernes.

Ahora, aquí en el ferry, de camino a Hidra con Diana y Eva, traigo a Sandra a este espacio al escucharla leer sus ensayos sobre los dos meses que pasó en la isla terminando *Mango Street*.

"Vivir en Hidra era algo así, un lugar entre la realidad y la imaginación. Viví una vida encantada y me observaba a mí misma viviendo esa vida de encanto, tecleando clic clic sobre una máquina de escribir, en una casa hermosa con vista al mar, como los escritores de las películas".[2]

Conocí a Diana en el verano de 1994, en el colegio comunitario de Pasadena, cuando yo era estudiante y ella maestra de literatura. En aquel entonces yo era una muchachita asustada, solitaria y descorazonada que había dejado su nativo México en busca de un sueño: tener un hogar, pertenecer a algún lugar. Para entonces, llevaba casi nueve años en Estados Unidos, años difíciles aprendiendo inglés y el estilo de vida estadounidense, y tratando de conocer a mi padre después de una separación de siete años. La migración cobra un precio a todos los involucrados, no solo a quienes se van, sino a quienes se quedan atrás. Separa familias. Convierte a los padres y a sus hijas en extraños.

Ese verano me inscribí en una clase de literatura obligatoria para transferirme a una carrera universitaria de cuatro años. No sabía si iba a lograr graduarme del colegio comunitario de Pasadena, pero estaba desesperada por probar que era capaz de lograr lo que nadie en mi familia había logrado. Así que entré al salón de Diana temblando, pero también con el fiero deseo de destacar, de demostrar cuánto valía.

Diana tiene el cabello negro y los ojos cafés. Su piel es un tono o dos más claro que el mío. Cuando me enteré de que era greco-americana, me tomó por sorpresa. Pensé que era latina. Diana habla varios idiomas, incluyendo griego y español. Escuchar que podía hablar mi lengua materna me hizo tomarle cariño de inmediato. El hecho de que una no latina se hubiera tomado el tiempo de aprender español me impresionó.

Después de un par de semanas de haber empezado el semestre de verano, Diana nos encargó un ensayo de exposición sobre los grupos a los que pertenecíamos (raciales, étnicos, económicos, religiosos, etc.). Me fui a casa para hacerlo, pero resultó ser una tarea difícil. *¿A qué grupo pertenezco?* No tenía idea. Con sus golpizas, mi padre me inculcó la noción de que yo no valía nada, de que en realidad no pertenecía a ningún lado, ni siquiera a su vida.

Me encontré de pronto escribiendo como si le contara mi historia a un amigo querido, la pluma rayando desesperada la página. Escribí cómo fue que vivir en la pobreza en México obligó a mi padre a buscar trabajo en Estados Unidos cuando yo tenía dos años, y cómo la partida de mi madre, tiempo después, hizo que mis hermanos y yo tuviéramos que soportar la separación de nuestra familia. Luego, después de que mi padre se enamorara de otra mujer, el matrimonio de mis padres terminó sin que yo tuviera un solo recuerdo de él y de mi madre juntos, y sentí que me habían robado el hogar que soñaba tener. Escribí sobre cómo, cuando mis hermanos y yo llegamos a Los Ángeles después de cruzar la frontera, nos tuvimos que acostumbrar a muchos cambios, incluyendo conocer a nuestro padre y a su nueva esposa. De inmediato supimos que éramos extraños en nuestra propia casa. El padre con el que soñábamos en México era distinto al padre que encontramos al irnos a vivir con él. Era un alcohólico que no dudaba en pegarnos con el cinturón. Mis hermanos se fueron de casa tan pronto como pudieron, y yo no tenía a nadie que me protegiera cuando mi padre perdía la cabeza después de beber.

Unos días más tarde entregué mi ensayo y Diana me pidió que fuera a su oficina. Resultó que no había entendido la tarea.

—Escribiste un ensayo autobiográfico —dijo—. Necesito que lo rehagas, pero —añadió— creo que eres una muy buena escritora.

Cuando Diana me devolvió mi ensayo, me sentí distinta. Había estado escribiendo en mi diario desde la secundaria para descargar mis penas en papel, pero no me consideraba una escritora. Sus palabras me abrieron el camino para creer que mi historia podía importar.

Durante este tiempo, los problemas en casa empeoraron: mi papá empezó a tomar más y aumentaron los pleitos entre él y mi madrastra. Una noche, escuché a mi madrastra gritar mi nombre. Llegué corriendo a la sala y vi a mi padre golpeándola. Quise defenderla, pero no lograba quitárselo de encima.

Esa noche terminó con mi madrastra en el hospital y mi padre tras las rejas.

Al día siguiente fui a ver a Diana a su oficina. Necesitaba hablar con alguien y sentí que podía confiar en ella. Toqué en la puerta, pero entonces pensé en dar media vuelta y marcharme. ¿Por qué molestar a alguien con mis problemas? Cuando abrió la puerta y dijo "¡Reynita!" con esa voz cantarina que tiene cuando se emociona, supe que había tomado la decisión correcta al estar ahí.

Le conté a Diana lo que había pasado el fin de semana. Me tomó la mano y dijo:

—Reynita, no puedes seguir en esa situación. Tienes que pensar en tu educación. Es lo único que te debería preocupar ahora.

Me pasó un pañuelo desechable y me sequé las lágrimas. ¿Cómo no preocuparme? ¿Cómo escapar de todo eso? No tenía a dónde ir.

—¿Te quieres venir a vivir conmigo? —me preguntó Diana.

Me le quedé viendo sin saber qué decir. Había estado fantaseando con vivir en cualquier lugar que no fuera la casa de mi padre. Lo último que quería era molestar a Diana, pero sabía que si no tomaba esa oportunidad que el destino me enviaba, tal vez no vendría otra.

—Sí, Diana —dije, asintiendo.

—Tú vente conmigo, Reynita —dijo—. De ahora en adelante, mi casa será tu casa.

Diana tenía treinta y nueve años y vivía con cuatro perros en una casa frente a la escuela. Había transformado una de sus tres recámaras en una biblioteca, sin embargo, los libros llegaban hasta la sala. Nunca había estado en una casa que tuviera libros. Al principio, no salía del cuarto de visitas y trataba de no estorbarle a Diana. En la casa de mi padre había aprendido a ser invisible. Pero en mi tercera noche, asomó la cabeza en mi habitación y me pidió que le hiciera compañía en la sala. Hice mi tarea en lo que ella calificaba trabajos y escuchábamos música griega melancólica. En una pausa que hizo, fue a su biblioteca y volvió con un libro. Me lo entregó y dijo:

—¿Ya leíste este libro?

Tomé el libro y leí el título: *La casa en Mango Street*. Negué con la cabeza. Nunca había escuchado de Sandra Cisneros. No había visto ningún libro escrito por un latino en mi biblioteca pública ni en mis salones de clase.

—Reynita, tienes que leer este libro. Es maravilloso —dijo Diana.

¿Cómo describir el impacto que tuvo ese libro en mí? El lenguaje poético, las hermosas imágenes, el ritmo musical de sus oraciones. Pero había algo más en ese libro, aparte del innegable talento narrativo de Cisneros, que lo hizo tan aplastante. Era como si hubiera escrito el libro en el lenguaje de mi propia alma. La mayoría de las lectoras se ven a sí mismas en Esperanza. ¿Yo? Yo era Sally.

Cuando llegué a esa viñeta, me puse a llorar. Temblaba de la intensa tristeza que sentía. "Sally" es la historia de una niña que vive con un padre abusivo. Cada día corre a casa después de la escuela, una casa de la que "no puede salir".

> *Sally, ¿no deseas a veces no tener que regresar a casa? ¿No deseas que un día tus pies siguieran caminando y te llevaran muy lejos de Mango Street, muy lejos, y tal vez los pies se detengan frente a una casa, una casa linda con flores y grandes ventanas y escalones para que los subas de dos en dos hasta llegar arriba donde te espera una habitación? Y si giraras la manijita de la ventana y le dieras un empujón, las ventanas se abrirían de par en par, y todo el cielo entraría.*[3]

¿Cómo sabía Cisneros cuál era el anhelo secreto en mi corazón? Desear un hogar hermoso donde me amaran y fuera apreciada. Releí el capítulo, y con cada palabra sentí que me hablaba directo a mí. Sentí una conexión con esta autora, esta mujer a quien nunca había visto. De pronto quise conocerla y preguntarle: *¿Cómo lo supiste? ¿Cómo supiste que así me sentía?*

—Bueno, ¿qué te parece? —me preguntó Diana, mientras yo apretaba el libro fuertemente contra mi pecho. Pero me ardían los ojos de las lágrimas y no fui capaz de decirle nada.

Al atracar en el puerto, veo Hidra con mis propios ojos y siento que doy un paso hacia el interior del ensayo de Sandra. Es igual a como lo describió: "Una cascada de casas de piedra" con techos de tejas color terracota, sinuosas calles empedradas y escaleras, paredes caladas decoradas con buganvilias y jazmines. Al desembarcar del ferry, me arrepiento de solo haber venido por un día. Ya no tengo

Reyna y Eva en Hidra

ganas de regresar a Atenas, sino de quedarme y convertir este paseo en un retiro de escritoras. Imagino que así se sintió Sandra; había venido a Hidra en una breve visita y terminó quedándose dos meses hasta acabar su libro.

"La casa de Hidra y *La casa en Mango Street* quedaron unidas en ese viaje. Un momento eterno, como estar enamorado".[4]

Y fue amor a primera vista para mí también.

Diana encuentra mesa en uno de los restaurantes del puerto, desde donde puede contemplar las resplandecientes aguas del Egeo mientras Eva y yo vamos a explorar. Mi hija y yo subimos la calle a un paso tranquilo, asombradas de los burritos cargados de cajas y entregas —no se permiten automóviles en la isla—, y le digo a Eva:

—Me pregunto si Amazon hace sus entregas en Hidra por burro.

Y nos reímos. Sacamos fotos de gatos tomando el sol de Grecia, y mantengo un ojo avizor en busca de puntos de referencia que me puedan guiar a la casa donde Sandra se quedó, aunque sé que es una tontería. Encontramos una escalera y subimos los 350 escalones que menciona Sandra en su ensayo, imaginando que esa casa calada, o aquella casa, o esa de ahí es donde terminó *Mango Street*. La casa por cuyas ventanas entra tanto cielo, que inspiraron lo que escribió en su historia sobre Sally y el anhelo de "bastante cielo azul". De libertad.

No importa si no encuentro la casa ahora, en realidad no. Es suficiente con estar aquí, en esta isla, mirar el mismo mar que Sandra vio al terminar el libro que un día encontraría a una solitaria niña mexicana y migrante que soñaba con un hogar donde pudiera amar y soñar, soñar y amar, "y nadie que pudiera decirle que era una locura".[5]

Ahórrate la chancla y perdona al niño

el cinturón es solo un hilo más que los ata...
cuando el cinturón alcanza al niño, el cinturón lo besa
y deja su labial morado.

—José Olivares, "Boy & the Belt"[1]

Reyna y Nathan, 2008

La primera vez que le pego a mi hijo, apenas y sabía caminar.

Le estoy cortando el cabello con la nueva rasuradora eléctrica que compré para ahorrar el dinero de un corte profesional. No se está quieto. Se sigue moviendo, menea la cabeza, tratando de esquivar las cuchillas eléctricas. Su cabello cada vez está más disparejo.

—Deja de moverte, Nathan —le sigo diciendo, mi voz tensa de la frustración. Se quita otra vez, dejando un parche disparejo más.

De repente, ya le estoy dando de nalgadas, gritándole.

—¡Mira lo que hiciste!

Nathan empieza a llorar. Entonces, cuando se despeja esa bruma roja de rabia y puedo pensar otra vez, yo también empiezo a llorar. Yo no quería esto. Juré que nunca sería como mi padre.

Con lágrimas, me hinco ante mi niño.

—Perdóname por haberte pegado, Natey.

Él pasa sus brazos alrededor de mi cuello y dice:

—Está bien, Mami.

Eso me hace llorar todavía más. Mi propio hijo me está consolando a *mí*, cuando soy yo la que lo lastimó. *No, no está bien*, quiero decirle. En cambio, me seco los ojos, seco sus mejillas llenas de lágrimas y lo subo al carro. Conducimos por Los Ángeles buscando un barbero que arregle esto.

Mis abuelos le pegaban tanto a mi padre, que huyó de casa a los diecisiete años. Él fue un niño maltratado y creció para convertirse en un padre que maltrataba. Y ese fue uno de los legados que les transmitió a sus hijos. Mi padre no sabía regular sus emociones. Cuando se prendía de ira, no tardaba en pegarnos a mis hermanos y a mí. El zumbido de su cinturón al sacárselo de un tirón. El escozor del impacto. El jadeo brusco. Sus insultos.

—¡Son una bola de pendejos! —nos dijo muchas veces.

Vivir con él significaba estar en alerta constante: se me encogía el estómago, se me cortaba la respiración, cada sentido expectante, mi cerebro en perpetuo modo de supervivencia. Muchas veces me pregunté si quería que sufriéramos como él había sufrido.

Cuando me convertí en madre soltera a los veintiséis, juré que nunca sería como él. Ese día de enero, al sostener a mi bebé en brazos por primera vez, cuando sus ojitos me miraron, tan frágil y vulnerable, tan enteramente dependiente de mí, pensé en la clase de madre que quería ser para él. En lo que quería transmitirle —esperanzas, sueños, gratitud, creatividad—, y el trauma intergeneracional no era parte. Pero según los investigadores, alguien como yo es seis veces más propenso de someter a sus hijos a violencia física. Una historia de maltrato infantil es el más grande factor de riesgo para la continuidad del abuso infantil.

Volverme la primera persona de mi familia en graduarse de la universidad me dio esperanza de que si podía romper un patrón en mi familia, podía romper otro más. El maltrato físico encabezaba la lista, pero el viaje para romper ese patrón fue más difícil de lo que pensé. El día que le pegué a mi niño por no quedarse quieto mientras le cortaba el cabello no fue la única vez que me ganó el enojo. La mayoría de las veces lograba alejarme, retirarme de la situación para poder enfriarme. Hacía lo que mi padre no pudo: ejercer alguna clase de autocontrol. Pero hubo ocasiones en que no me alejé lo suficientemente rápido. La ira me cegaba con su bruma roja, el eco de la voz de mi padre rugía en mis oídos y el peso de una infancia dolorosa sacaba lo peor de mí.

Cuando le pedí consejos a mi hermana mayor con este problema, me quiso tranquilizar diciendo que el castigo físico era una buena forma de enseñarle a mi hijo a comportarse. Mago tenía tres hijos y creía que las nalgadas eran un buen método para disciplinar. Ella entendía que lo que nuestro padre había hecho era abuso, y lo que ella estaba recomendando no era castigar, sino disciplinar. Me contó de un libro de crianza que había leído, y dijo:

—Solo asegúrate de no pegarle con la mano. El libro recomienda que le pegues con otro objeto. Como una chancla.

La teoría era que si usaba una chancla, mi hijo iba a asociar el dolor con ese objeto y no con mi mano.

Mi mano debería ser símbolo de afecto, consuelo y amor. El toque amoroso de una madre —un abrazo, una palmada, una caricia— ayuda al niño a liberar oxitocina, la "hormona del amor" que promueve sentimientos positivos y ayuda a la madre y al hijo a forjar un vínculo. Entendí la teoría de emplear un objeto neutral —no quería que Nathan temblara cada vez que viera mi mano ir hacia él—, pero esa conversación con mi hermana me dejó más confundida que nunca. ¿Cómo iba a saber cuando cruzara la línea entre disciplina y abuso? En un momento de ira, ¿qué impediría que cruzara esa línea? Si usaba un objeto, ¿cómo podía medir qué tan fuerte le estaba pegando para no pasarme? Una vez que abrazara este método para disciplinar, ¿cómo evitaría que escalara?

Muchas familias no consideran las nalgadas maltrato físico. Tal vez por eso el castigo corporal sigue siendo legal en los cincuenta estados, siempre y cuando sea razonable, no excesivo. Los latinos no son los únicos que golpean a sus hijos para castigarlos, pero la estadística de abuso infantil es alta en nuestra comunidad debido a la cultura de la chancla. Hay incontables memes en redes sociales o videos de YouTube y TikTok que se burlan de las mamás latinas usando la chancla para disciplinar a sus hijos, pero la espantosa verdad es que hemos normalizado la violencia física al grado de pensar que es gracioso ver un video tonto de un niño siendo golpeado con una chancla. Está tan arraigado en nuestra cultura, que hasta *Coco*, la película animada de Disney, incluye una matriarca que amenaza con la chancla y la presenta en un tono de comedia.

Acabar con la cultura de la chancla nos llevará más cerca de terminar al fin con el ciclo de violencia y salvar a las futuras generaciones de heredar traumas intergeneracionales. La cosa es que muchos de nosotros, los padres —como el mío—, no recibimos la ayuda y el apoyo que necesitamos, y cuando nos sentimos abrumados, es difícil no rendirnos ante el condicionamiento negativo de nuestra crianza, razón por la cual la cultura de la chancla ha infligido un serio daño a generaciones enteras de familias latinas.

Cuando Nathan tenía cinco años, me casé con Cory, quien, por suerte para mí, no estaba programado para la violencia; su primer instinto no era apretar los puños. Si bien esta no es la única diferencia entre nosotros, es una de las más importantes. Creo que si me hubiera casado con alguien que hubiera crecido con la clase de daño físico y emocional que yo experimenté, tal vez no habría sido capaz de romper el patrón de maltrato. Cory, a diferencia de mí, tenía sus emociones bajo firme control y no perdía los estribos ante el berrinche de un niño. De él aprendí formas alternativas de disciplinar, como imponer *time out* y retirar los privilegios de su juguete favorito, un videojuego o la televisión. A través de Cory aprendí refuerzos positivos y cómo recompensar el buen comportamiento.

Agradecí que mi esposo modelara formas de disciplina no violentas, y traté de imitarlo, pero la realidad seguía siendo la misma: cuando yo me enojaba, mi reacción predeterminada era querer gritarles y pegarles a mis hijos. Requería un esfuerzo increíblemente enorme no hacerlo. Me alejaba y, si Cory estaba cerca, le pedía que manejara la situación.

Me tomó años aprender que ser una sobreviviente de maltrato infantil me dejó con el control de impulsos averiado y comprometió mis habilidades para lidiar con las cosas. Me di cuenta de que eso era cierto para mi padre también. Me preguntaba, ¿él sentía la misma culpa, la misma sensación de fracaso y vergüenza? ¿Él reconocía los ciclos de dolor que hacían eco en nuestra familia? ¿Él también amaba y odiaba a sus padres como yo a él? Al intentar desprenderme de los patrones de mi pasado, sabía que asimismo tendría que lidiar con el peso de las decisiones de mi padre. De cierta forma, seguía cargando con su dolor, seguía forcejeando con el legado de trauma que él había dejado tras de sí.

Las huellas físicas y mentales del abuso infantil suelen empujar a quienes sobreviven hacia las adicciones, sumándoles el peso de la depresión y el peligro del suicidio. Descubrir los poderes curativos de escribir me condujeron por un camino donde pude aprender a lidiar con mis traumas, cada palabra un pequeño paso hacia adelante. Me ayudó a luchar para salir y terminar del otro lado sin convertirme en una dependiente de las drogas o el alcohol… a diferencia de mi padre, que buscó consuelo en una botella. No quedé prisionera de serias contemplaciones de muerte. Nosotros sabemos por lo menos de una ocasión en que mi padre intentó suicidarse.

Cuando escribo, es importante para mí encontrar formas de insertar conflicto en mis historias. Pero en la vida real hago todo lo posible para evitar el conflicto. Es por ello que muchas veces me fui al otro extremo con mis hijos. Incapaz de manejar una situación estresante, no los castigaba ni les imponía ninguna consecuencia. En cambio, permitía que mi hijo y mi hija se "salieran con la suya" cuando se portaban mal. De hecho, entre los miembros de mi familia —mis hermanos y sobrinos— tenía la reputación de "estar pintada" para mis hijos y dejar que "me pasaran por encima". No podía manejar el conflicto porque temía perder el control y lastimarlos. A diferencia de mi esposo, yo tenía problemas para ser firme; cuando mi cerebro estresado se congelaba por el mal comportamiento de mis hijos, no podía pensar de inmediato en una reacción que no fuera violenta. Como no quería herirlos y trataba de evitar recrear mi niñez con ellos, implicaba dejar pasar cosas con tal de no enfrentar mis problemas.

En especial me costaba trabajo con mi hijo, a quien diagnosticaron con Trastorno por Déficit de Atención e Hiperactividad (TDAH) en el primer año escolar. A lo largo de los años, echaron a Nathan de gran cantidad de guarderías y programas extracurriculares. Una vez lo echaron de la YMCA al segundo día de un campamento de verano. En otra ocasión lo corrieron de su clase de baile folclórico porque, a diferencia de los otros niños, no se podía concentrar en aprender los pasos y vagaba por todo el estudio bailando a su propio ritmo. Al final de la clase, el maestro me devolvió el dinero de la inscripción y ahí mismo, enfrente de los otros papás, me dijo:

—No lo vuelva a traer.

Lloré todo el camino de vuelta a casa.

En la escuela le iba igual de mal a Nathan. Sacaba bajas calificaciones y a menudo estaba al borde de reprobar. Lo mandaban a la dirección constantemente. Empecé a temer ir a recogerlo. Me dolía el estómago cruzando el estacionamiento de la escuela, preguntándome qué quejas recibiría de sus maestros ese día. Aun cuando había establecido un Plan 504 para él, y más adelante un plan educativo individualizado,* seguía quedándose rezagado porque le faltaban demasiadas tareas. Era distraído, desorganizado, olvidadizo e incapaz de quedarse sentado el tiempo suficiente para terminar su trabajo. Yo estaba exhausta de las constantes juntas con sus maestros, durante las cuales escuchaba sus interminables quejas de mi

* De acuerdo con edsource.org, un Plan 504 está orientado a asegurar que un estudiante tenga acceso equitativo a un ambiente académico. Un plan educativo individualizado se enfoca en los beneficios educativos y a menudo incluye servicios directos, como terapia de habla o terapia ocupacional. Ambos son gratis. Algunos alumnos tienen ambos, y otros solo uno. Los Planes 504 están por lo general disponibles para alumnos con un rango más amplio de discapacidades, incluyendo trastornos de déficit de atención. Los planes individuales están disponibles para estudiantes que cumplan con uno de trece criterios específicos, como discapacidades ortopédicas o intelectuales.

hijo, pero nadie me orientaba hacia algún recurso o entrenamiento, ni me refería con algún grupo de apoyo local donde pudiera aprender cómo apoyar a mi hijo de la mejor manera.

La falta de motivación de Nathan y su impulsividad me desconcertaban, y me costaba trabajo no malinterpretar sus síntomas de TDAH por flojera, rebeldía o un total rechazo por las reglas en la escuela y en la casa. En varios momentos me tuve que recordar a mí misma que no estaba siendo irrespetuoso ni desobediente, sino que era neurodivergente.

Cuando no sacaba la basura después de pedírselo tres veces —el olor del bote rebosado apestando en la cocina—, me preguntaba: *¿es su TDAH?*

Cuando se le olvidaba hacer la tarea de la escuela por enésima vez, sumando una calificación reprobatoria más, yo pensaba: *¿es su TDAH? ¿O soy yo la que le está fallando?*

Cuando rompió el vitral de la puerta de entrada jugando con su arco en el interior de la casa después de que le dije que no lo hiciera. *¿Es su TDAH? ¿Es eso?*

Cuando no llegó a casa después de la escuela y se fue a la casa de su amigo sin avisarme y yo me seguí preguntando dónde estaba, pensando que algo le había pasado. *¿Es su TDAH?*

No tuve éxito en ser una madre comprensiva y paciente todo el tiempo. A veces, TDAH o no, me llevaba la chingada y punto. Reventaba.

La última vez que le pegué a mi hijo, tenía trece años. Lo suspendieron de la secundaria. Cuando llegamos a casa de la junta con su director, agarro un cinturón… la primera vez que hago algo así. Al verlo, sale de la habitación y se echa a correr. Lo persigo por toda la casa.

—¡Ven acá, chamaco!

Es un atleta, no puedo alcanzarlo. Azoto el cinturón como si fuera un látigo, pero él es demasiado rápido. Al final me canso y dejo de perseguirlo. Me voy a mi recámara para enfriarme. Cuando la ira pasa, agradezco no haberlo alcanzado.

En la tarde, cuando llega el momento de llevarlo a su clase de waterpolo, pone cara de dolor al subirse al carro. Le pregunto qué pasa y dice que le duele. Se quita la playera y me muestra su pecho. Yo ahogo un grito. Sí lo alcancé después de todo. Justo abajo de la clavícula, impreso en su piel, está el beso del cinturón. Morado e hinchado, con la piel un poco levantada. Igual que se veía mi piel después de las palizas de mi padre.

Ese día no lo llevo a entrenar.

Estoy aterrada al darme cuenta de que recreé mi infancia con mi padre, que la clase de historia que estoy escribiendo sobre mí como madre es una donde la víctima se convierte en victimario. *No. No quería que fuera así la historia de mi maternidad. Tengo que hacer todo lo que pueda antes de que sea demasiado tarde para reescribirla.*

Me siento con mi hijo en su recámara y le digo algo que mi padre nunca me dijo a mí:

—Perdóname. Te prometo que nunca te volveré a pegar. Jamás. Te amo.

Desde ese día, cumplí mi promesa. No me importa si me ven como una blandengue, si la gente piensa que permito a mis hijos hacer conmigo lo que quieran. ¡A la chingada con la cultura de la chancla! No voy a golpear a mis hijos, sin importar lo que hagan. Tener una conexión especial y sana con ellos es más valioso para mí que su obediencia.

La última vez que mi padre me pegó, yo tenía dieciocho años. Mi hermana y mi hermano ya se habían ido de la casa para ese entonces; se largaron lo más pronto que pudieron. Mi padre estaba enojado con mi hermana de veintiún años por irse de la casa y salir embarazada, y para castigarnos, no deja que nos veamos. Pero un día, cansada de irme a escondidas a ver a Mago, le digo a mi padre que mi hermana me va a recoger y que me voy a ir con ella. Al ir bajando la escalera, me agarra del cabello y me arrastra escaleras arriba. Me estrella contra la pared y me muele a puñetazos.

Mi relación con mi padre nunca fue la misma después de eso. No nos reconectamos realmente sino hasta su diagnóstico de cáncer muchos años después, aunque fue breve y caótico. Pero después de escribir tanto sobre él, sobre nuestra relación complicada y nuestros traumas, aprendí a comprenderlo. Hasta logré sentir compasión por él, perdonarlo por no ser el padre que sé que pudo haber sido si tan solo hubiera buscado ayuda, si hubiera tenido la intención de ajustar su mentalidad malsana, si hubiera valorado nutrir nuestra conexión más que tener poder por encima de nosotros. Se necesitó un cáncer de hígado para que pudiera hacer eso. Para entonces ya era demasiado tarde.

Aquellos momentos, cuando dejé que mi ira me consumiera, me atormentan al día de hoy. Mi viaje para liberarme a mí misma y a mis hijos del ciclo intergeneracional de abuso fue difícil, pero al final lo logré. Exactamente diez años después, con mi hijo ahora en sus veinte y viviendo contento en casa con nosotros, hablo con él sobre esos tiempos en que yo no estaba en mi mejor momento. Me preocupa que haya un trauma residual. Me preocupan mis futuros nietos y la clase de padre que vaya a ser mi hijo. Me preocupa que repita comportamientos malsanos. Que el beso del cinturón siga ahí, aunque la marca que le dejé sea ya invisible al ojo humano.

—No me afectó —me asegura Nathan cuando menciono el tema. Y como si presintiera qué pienso preguntarle después—: No te veo como una mala persona.

Creo que eso significa que me perdona, que no me ama y me odia al mismo tiempo, pero tengo demasiado miedo como para preguntarle. Después de todo este tiempo, ¿sigue siendo el niño chiquito que intenta hacer sentir mejor a su mamá?

—Aunque hubiera preferido dos minutos de nalgadas que no poder usar mi teléfono una semana —dice, bromeando. Fuera de broma, añade—: Las nalgadas ni siquiera son para disciplinar. Eso es *bullying*.

Al ver que lo comprende y lo nombra tal como es, siento que el patrón, finalmente, se ha roto.

Reyna y Nathan

Me explico

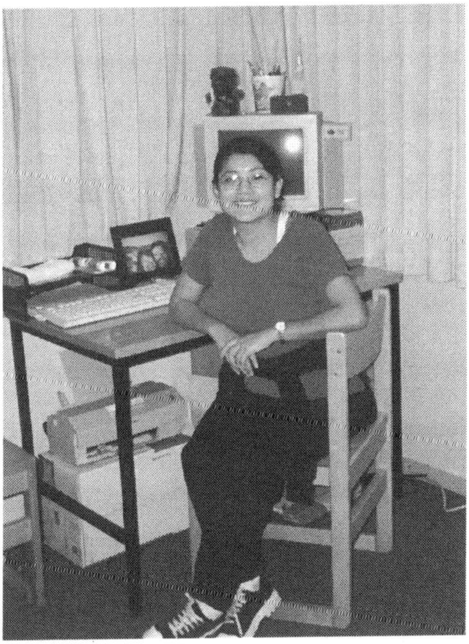

Reyna en UCSC, *1996*

En 2017, mientras estaba escribiendo *La búsqueda de un sueño* —mis memorias sobre ser una estudiante universitaria de primera generación y aspirante a escritora—, un doloroso recuerdo resurgió. Escribí al respecto de pasada, unas cuantas líneas, y seguí adelante. Después de leer el manuscrito, en sus notas, mi editora escribió: *Por favor, revisa la mención casual de una violación. Esto necesita explicarse por completo. ¿Qué pasó? Fue una violación. ¿Cómo te afectó cuando te diste cuenta de lo que había pasado?*

No estaba lista. Ni para sus preguntas, ni para "explicar por completo" nada. Así que borré esas efímeras líneas del manuscrito. Racionalicé que ese recuerdo no encajaba con los temas de hogar y pertenencia, que el libro ya era muy largo y que tenía otras historias que contar. Me convencí a mí misma de que quedaban muchos otros momentos traumáticos que explorar y el libro ya contenía demasiadas penas. ¿Acaso añadir una violación no lo volvería aún más deprimente?

Pasaron muchos años hasta que por fin pude admitir la verdad: me faltó el valor de hablar de esa violación. Pero también se trataba de la integridad del libro, y temí añadir otra etiqueta, otra estadística, un evento traumático más. Llamarme a mí misma "víctima de violación" se sentía como apilar más estigmas encima de una identidad ya de por sí aplastada por tanto: migrante, "ilegal", hija de un alcohólico, víctima de maltrato infantil, una joven pobre criada en la aspereza del barrio, estudiante universitaria de primera generación. Así que me resistí a convertirme en una estadística más, ¿una parecida a "Las mujeres que tienen una historia de abuso y abandono son siete veces más propensas a ser violadas en la edad adulta"?[1] No, no podía ser eso también.

El recuerdo reprimido permaneció así por años, y yo seguí con mi vida, vigilando en silencio una verdad que no estaba lista para enfrentar. Pero con el tiempo, y con una comprensión mayor del mundo, empecé a picar la piedra de mi silencio. Los comentarios persistentes de mi editora —*Esto necesita explicarse por completo... ¿Cómo te afectó...?*— dejaron de ser una imposición para convertirse en un reto a mi negación. No fue una revelación instantánea, sino un despertar lento y firme.

El movimiento #MeToo y las preguntas de mi editora retaron mi vergüenza, obligándome a enfrentar eso que había reprimido. Ser testigo de incontables mujeres que compartieron con valor sus historias en línea, en artículos y en foros públicos creó una sensación de solidaridad y validación, exponiendo la prevalencia del abuso sexual y desmantelando la cultura del silencio. Esto hizo que me diera cuenta de que no estaba sola, validó mi experiencia y me hizo reexaminar la "mención casual de una violación" que mi editora había señalado.

La audiencia de confirmación de Brett Kavanaugh a la Corte Suprema hizo que mi situación fuera aún más relevante. En 2018, nueve días antes de que se publicara *La búsqueda de un sueño* sin la escena de la violación, observé, tan cautivada como el resto del país, mientras la doctora Christine Blasey Ford dio su valiente testimonio ante el Comité Judicial del Senado, contando su agresión sexual. Al escuchar su declaración inicial, en especial cuando dijo: "Estoy aterrada", sentí un eco de mi propio miedo al recibir la nota de mi editora.

En la confirmación de Kavanaugh, vi a Trump disculparse en nombre de la nación, en *mi* nombre, con Kavanaugh por "el terrible dolor" que debió haber soportado. El descarado despliegue de empatía hacia los hombres —la indebida simpatía entre los hombres culpables de violencia sexual— revivieron esa experiencia dolorosa de la que no había querido escribir. Este fenómeno, explorado por académicas como Kate Manne, muestra cómo la sociedad a menudo prioriza los sentimientos y las reputaciones de los agresores masculinos por encima de las experiencias de sus víctimas.

Aunque el testimonio de la doctora Ford no previno la confirmación de Kavanaugh, me dio pie para enfrentar mis propias experiencias y reconocer cómo este despliegue nacional de empatía hacia el hombre reflejaba un patrón que yo había visto en mi propia vida desde niña. Me di cuenta de que había estado expuesta a esa empatía parcial al hombre de parte de mi abuela y de mi padre mucho antes de que aprendiera el concepto.

Empezó siendo niña. Mi padre estaba trabajando en Estados Unidos y mi madre se había ido a Acapulco con un luchador poco después de regresar a México, cuando mi padre y ella se separaron, así que mis hermanos y yo nos quedamos con mi abuela materna y un tío.

—¿Un peso por un beso? —me dijo un día el tío Crece.

Yo tenía siete años. Me quedé mirando esa moneda, pensando en los dulces que podía comprar con ella. En casa de mi abuela no había dinero para comida, mucho menos para la fantasía de un dulce.

—¿Qué es un besito comparado con lo que puedes comprar con esto? —Su aliento apestaba a alcohol. Miré la moneda, la forma en que brillaba en la luz.

Mi hermana mayor, Mago, entró en ese momento a la casa y mi tío regresó a su hamaca, donde dormía y le gustaba leer novelas baratas con fotos de mujeres con chichis grandes y pompis del tamaño de sandías. Se metió la mano en los pantalones y se masturbó. Vivíamos en una casucha que no tenía paredes adentro, pero no le importaba que lo viéramos.

En la noche, mientras dormíamos, mi tío se nos quedaba viendo parado junto a la cama. En una ocasión, cuando vernos dormir ya no fue suficiente y trató de tocarnos, Mago gritó con todas sus fuerzas llamando a mi abuela, y mi tío se retiró rápidamente a su hamaca. La reacción inicial de mi abuela fue no creernos. Su segunda reacción fue hacernos compadecer a nuestro tío.

—Pobrecito —decía mi abuela cada vez que mi hermana y yo nos quejábamos de su comportamiento—. Su pobre tío no sabe lo que está haciendo. Solo ignórenlo y ténganle compasión —nos aconsejaba—. Ha sufrido mucho.

Creo que mi tío tenía una enfermedad mental —es posible que fuera esquizofrenia—, pero mi abuela culpaba a la brujería por su comportamiento errático. La historia que nos contó fue que, cuando mi tío tenía dieciocho años, una mujer del barrio le dio "agua de toloache",* una poción de amor hecha con sangre menstrual y toloache. Regresó a casa dando topes, sufriendo alucinaciones. No se enamoró. En cambio, perdió la razón y su vida se arruinó. A ojos de mi abuela, mi tío era la víctima, merecía compasión, sin importar lo que hiciera. Esto creó un desequilibrio de empatía que favorecía al agresor, una dinámica de la que sería testigo en repetidas ocasiones. Y ahora debía tenerle lástima e ignorar sus indiscreciones bajo la excusa de lo mucho que él había padecido.

Dejó de ofrecerme dinero cuando entendió mi rechazo, pero no dejó de buscarme. Me jalaba y me babeaba la boca. Dejé de decirle a mi abuela. Su amor por mí no era rival para la lástima que sentía por él. Mi abuela era todo para mí y yo nunca juzgué su comportamiento. Esa primera violencia sembró en mí la idea de que mi cuerpo y mi afecto eran bienes negociables, y desafortunadamente, eso dificultó más que pudiera reconocer el abuso cuando me lo topé.

Después de cruzar la frontera para vivir en Los Ángeles con mi padre y mi madrastra, el hijo mayor de esta se mudó con nosotros cuando yo estaba en la preparatoria. Un día, parada frente al refrigerador buscando qué comer, él entró a la cocina y pasó detrás de mí para ir por un vaso de agua. Su mano rosó mi trasero tan suavemente, que pensé que lo había imaginado. Después de varias instancias así, supe que no estaba imaginando nada, sobre todo porque mi hermana estaba experimentando lo mismo. A diferencia de la doctora Ford, que no les contó a sus padres lo que le había pasado, mi hermana y yo sí le dijimos a nuestro padre.

* El toloache es una planta con propiedades alucinógenas del folclor mexicano, y a menudo se usaba para explicar el comportamiento inusual, en particular de los hombres.

Su respuesta fue:

—Pobrecito, no sabe lo que hace. Deberíamos sentir lástima por él. —Cuando mi hermanastro era niño, lo atropelló un carro. Se dañó su nervio óptico y fue declarado legalmente ciego—. Ha tenido una vida difícil. Me siento mal por él.

Al igual que mi abuela, mi padre eligió no hacer nada.

Cuando mi hermanastro se volvió más atrevido, se nos dijo de nuevo a mi hermana y a mí que le tuviéramos lástima y aguantáramos su manoseo y sus pellizcos en el trasero.

Una mañana, cuando iba saliendo para la escuela, me abrió la puerta. Al ir bajando los escalones, dijo:

—Ey, Reyna.

Volteé para ver qué quería. Tenía el pene de fuera y empezó a frotarlo mientras yo lo veía horrorizada. Corrí toda la calle hasta encontrar la seguridad de las paredes de mi escuela. No he podido sacarme esa imagen de la cabeza desde entonces. No le dije a mi padre. Para entonces ya había aprendido que no tenía caso decirle nada. Sabía que solo diría, "Pobrecito". Me hicieron creer que era mi deber sentir lástima de mi hermanastro por la pésima suerte que le había tocado.

Ese era el trasfondo para cuando me mudé a Santa Cruz para ir a la universidad. Ese había sido mi condicionamiento. El descarte de mi dolor en favor de la lástima del abusador me reveló qué tan profundamente arraigada está la cultura de proteger a los hombres primero, antes que garantizar la seguridad de las mujeres. Tal patrón, que empezó en casa, afectó más adelante mi respuesta a la agresión fuera de mi familia.

En el verano antes de mi último año, mi mejor amigo gay y yo subarrendamos una casita cerca del malecón de Santa Cruz, donde los dos trabajábamos vendiendo hot dogs y helados para pagar nuestra educación universitaria. Una noche, mi amigo y yo invitamos a nuestro buen amigo W a casa. Había cerveza y tomé un poco, aun cuando no puedo realmente aguantar el alcohol. Pero quería quedar bien. Quería ser aceptada, así que bebí. Después de unas cuantas cervezas, tuvieron que arrastrarme hasta el baño para vomitar en la taza.

En algún momento de la noche me desperté en mi cama y W estaba encima de mí, adentro de mí. No dije nada. Para entonces el silencio se había vuelto mi estado natural. Me habían condicionado minuciosamente a proteger a los hombres que me hacían daño. Así que cerré los ojos, retrayéndome hacia un estado disociativo, contándome a mí misma la mentira de que estaba soñando, que no era real, ¡que esto no me estaba pasando! Intenté escapar física y mentalmente, y perdí el conocimiento de nuevo. La disociación fue mi armadura, desprenderme fue la forma de alejarme emocionalmente del horror de la situación. Hoy reconozco que ese mecanismo estaba tan engranado en mí que se volvió automático. No era solo cuestión de miedo, era un choque mudo entre mi experiencia y la creencia de que yo era secundaria: de que mi valor era menor que sus necesidades y su sufrimiento. Es una respuesta de trauma común, pero en mi caso, amplificada por una vida entera de mensajes de *pobrecito*.

Al día siguiente fui al servicio médico de la escuela y pedí una pastilla del día siguiente. Nunca encaré a mi amigo por lo que hizo esa noche. En lugar de estar enojada con él, dirigí mi ira hacia el interior. Me dije a mí misma que tal vez fue mi culpa por ponerme en esa situación, un refrán común para múltiples víctimas de abuso sexual. Intenté justificarlo. *Ha tenido una vida difícil. No sabía lo que estaba haciendo*. Yo apoyaba la empatía hacia los hombres.

Seguimos siendo amigos. Tiempo después, cuando se metió en problemas con la ley por robo, de pronto sentí lástima por él otra vez. *Pobrecito*, pensé.

Ahora me doy cuenta de que traté de olvidar ese momento por mero instinto de supervivencia, para detener la hemorragia interna de un recuerdo que dolía demasiado. En *El cuerpo lleva la cuenta*, el doctor Van der Kolk también señala que "requiere una inmensa confianza y valor permitirte recordar. Una de las cosas más difíciles para la gente traumatizada es enfrentar la vergüenza por la manera en que se comportaron…".[2] Conforme pasaron los años, no le conté a nadie, abrumada por una profunda sensación de deshonra; no por lo que pasó, sino por cómo reaccioné. No expresé ninguna clase de indignación, de rabia. No exigí ninguna clase de justicia. Mi única respuesta fue una aceptación callada. Me culpé a mí misma y, en cambio, protegí a mi agresor. Esta reacción no fue solo una traición personal. Fue reflejo de lo que la sociedad nos enseña a las mujeres sobre nuestra propia culpabilidad en la violencia sexual. Es un síntoma doloroso de un problema cultural mucho mayor que debemos encarar.

La disculpa de Trump a Kavanaugh, la compasión que él, los senadores republicanos y otros hombres en Estados Unidos le mostraron y siguen mostrándole, viéndolo sentado en la Corte Suprema, mientras la doctora Ford es castigada por alzar la voz, me hizo despertar. Comprendí entonces que, por todos estos años, había estado haciendo lo mismo. Me había sentido *mal* por esos hombres en mi vida que me habían agredido sexualmente. Mi silencio los protegió. Tuve más compasión por los culpables que por la víctima.

Al fin entiendo el peso real de las preguntas de mi editora: *¿Cómo te afectó cuando te diste cuenta de lo que había pasado?* La respuesta es: profundamente. Por años, ese silencio moldeó mi autopercepción, un espejo distorsionado que reflejaba vergüenza y complicidad. Pero al nombrar la verdad, empecé a reclamar la narrativa de mi propia vida. No era solo cuestión de confesar un evento doloroso, sino de al fin darle voz a mi yo más joven, permitirle romper el silencio y sanar del daño provocado por esos mensajes de *pobrecito*.

Al mirar hacia atrás, si mi abuela y mi padre estuvieran aquí, compartiría con ellos cómo me di cuenta de que sus enseñanzas de quedarme callada, de ofrecerles compasión a los hombres que no la merecían, de disculparlos por el sufrimiento de *sus* vidas, me condujo a un ciclo de silencio y empatía mal colocada. Pero el arduo viaje hacia enfrentar mi propia verdad, hacia desprenderme al fin de la vergüenza que me aplastaba, me ha permitido descubrir una fuerza auténtica y novedosa dentro de mí.

La jaula de oro

Yo elijo y decido lo que la prisión significa para mí, floto entre los barrotes, vuelvo a mi mente cuando y como quiero... cuando puedes elegir y decidir los términos de ese confinamiento, tú, no tu prisión, tienes el poder.

—Sherman Alexie[1]

Nathan y Eva, exploradores del mundo

—Mami, ¿cuándo vamos a ir a Hawái? —pregunta mi hija Eva, mientras le cepillo el cabello.

—¿Por qué quieres ir a Hawái? —pregunto entonces yo.

—Porque todos mis amigos ya fueron y yo no —contesta Eva.

Hago una pausa, cepillo en mano, y recuerdo a mi yo de diez años haciéndole una pregunta similar a mi padre: *¿Cuándo vamos a ir a Disneylandia?* Mi papá se rio y se fue. Era un obrero de mantenimiento en Los Ángeles, criando a tres hijos con un salario mínimo. Lo más que mis hermanos y yo podíamos esperar era un viaje al parque de la comunidad.

Me maravilla que mi hija asuma que todo es posible. Ese es un lujo que yo nunca tuve a su edad. Disneylandia y Hawái ya no están fuera de mi alcance, pero me cuesta trabajo reconciliarme con el hecho de que el éxito es un arma de doble filo.

Sí, he protegido a mis hijos de las penurias que definieron mi propia niñez, dándoles privilegios que yo nunca tuve y evitándoles los sacrificios culturales, personales y emocionales que yo aguanté. Sin embargo, eso ha creado una dolorosa distancia con ellos. El mundo que habitan es tan distinto del que me formó a mí, y a menudo me siento una extraña en el suyo… aun habiendo sido yo la que lo creó para ellos. Esta profunda alienación, esta distancia establecida por mí, es el precio oculto de mi "sueño americano".

En mi primer año de preparatoria, la bibliotecaria de mi biblioteca pública me entregó libros de la sección juvenil. Salí con una pila, incluyendo la serie *Sweet Valley High*. Las hermanas gemelas en la portada, con su cabello rubio y sus ojos azul verdoso, me miraban directamente y sonreían como si quisieran ser mis amigas.

Mis hermanos y yo vivíamos con mi padre y mi madrastra en un departamento de una habitación en Los Ángeles. Nosotros dormíamos en la sala, mi hermana y yo en el sofá cama y mi hermano en el piso, en una colchoneta hechiza con mantas rasposas y almohadas llenas de bolas. Fascinada con el libro, con los sonidos de la ciudad

—sirenas, tráfico, el ocasional disparo— como telón de fondo, leía bajo las cobijas con una linterna. Entraba en la vida de las gemelas Jessica y Elizabeth, ambas hermosas y delgadas, con los "perfectos bronceados californianos" y hoyuelos en la mejilla izquierda. Su padre era abogado, su madre decoradora de interiores. Una de las niñas era porrista en la preparatoria, la otra trabajaba en el periódico, y ambas tenían un montón de amigos y novios guapos.

Cuando descubrí *Sweet Valley High*, acababa de terminar mi programa de inglés como segunda lengua en la secundaria y ahora tomaba clases normales en inglés. Aunque mi habilidad para leer y escribir era buena, mi pronunciación estaba muy por debajo. En la escuela, mis compañeros solían reírse cuando hablaba, así que prefería leer. Cuando leía, nadie más que yo podía oír mi acento de "mojada". Las gemelas Wakefield nunca se burlaron de mí. Su inglés perfecto se convirtió a la vez en una fascinación y una fuente de inseguridad. Si bien podía leer sus aventuras, yo sabía que en la vida real nunca hubiera sido su amiga; no existía nadie como yo en su círculo. Mi credencial de la biblioteca me otorgaba el privilegio de observar su vida de típicas chicas estadounidenses.

Esas portadas de *Sweet Valley High*, con las hermosas sonrisas de Jessica y Elizabeth, me hacían desear que yo también perteneciera a su mundo soleado, en lugar de mirarlo desde afuera. Quería saber cómo era tener dos padres exitosos, ir de viaje, usar ropa bella y que nunca me faltara nada. Estos libros me dieron una ventana hacia algo que no podía experimentar en la vida real: un Estados Unidos blanco de clase media. Pero por más que encontrara placer en la lectura de una vida en Estados Unidos que nunca podría ser mía, también encontraba un profundo dolor. Una añoranza que sobrepasaba las cosas materiales: quería que me vieran también. Quería pertenecer.

Los libros hacían escarnio de mí. *Esto es lo que te falta. Esto es lo que tú jamás podrás ser. Esto es lo que nunca harás*. Durante mucho tiempo lo creí cierto; una narrativa que me mantenía cautiva.

Trabajé duro para buscar la clase de vida de *Sweet Valley High* para mí, pero sobre todo para mis futuros hijos. Aun antes de tener a mi hijo y a mi hija, estaba decidida a darles la infancia que yo no tuve. Mi primer acto de amor como madre fue retirar sistemáticamente de las vidas de mis hijos las etiquetas con las que yo crecí: *bajos ingresos, migrante, estudiante de inglés, universitaria de primera generación.*

Nathan y Eva nunca enfrentarán los problemas cotidianos con los que yo me topé al pelear por un lugar en este país. Pero mi título universitario y mi carrera como escritora hicieron poco para prepararme para criar a dos niños de clase media nacidos en Estados Unidos.

Yo nací en el segundo estado más pobre de México, en un piso de tierra, en una casucha de madera y cartón. Mis hijos nacieron en un hospital privado de Los Ángeles. Yo pasé mi primera infancia separada de mis padres cuando migraron a Estados Unidos sin mí. Mis hijos viven en un hogar estable, con dos padres que los aman y que tienen títulos superiores y carreras profesionales. La primera vez que viajé fuera de casa fue a Tijuana, para arriesgar mi vida cruzando la frontera hacia Estados Unidos. Mis hijos han viajado por todo el país y también al extranjero. A diferencia de mí, están creciendo con "cuando vayas a la universidad", en lugar de "si es que vas a la universidad". Tienen fondos universitarios a los que mi esposo y yo contribuimos cada mes, mientras que yo nunca recibí ayuda de mis padres y pagué mi universidad sola, con préstamos, becas y empleos de salario mínimo. Cuando mi hija juega con sus Barbies, sus muñecas están en la universidad o son parte de un club de lectura.

Me cuesta trabajo reconciliar mi niñez asolada por la pobreza con la niñez de abundancia de mis hijos. Mi éxito me ha permitido darles la vida que yo soñé alguna vez, pero en mi búsqueda por librarlos del trauma de crecer pobres y en los márgenes de la sociedad estadounidense, de proveerles comodidades materiales y experiencias que yo nunca tuve, temo haberlos sobrecompensado y sobrecomplacido. Quería que fueran libres para disfrutar la vida que construí para ellos, pero a veces me pregunto si al escudarlos tan ferozmente, impedí que tuvieran resistencia, una comprensión más profunda de las dificultades de la vida. Al perseguir que mis hijos me vieran ser esa historia de éxito resiliente, ¿acaso les robé su propia resiliencia?

Las emociones que tenía al leer *Sweet Valley High* eran las mismas que siento ahora cuando veo a mis hijos... una sensación de estar afuera mirando hacia adentro.

Un día, llegué a casa y encontré a mi esposo y a mis hijos en el piso de la sala, rodeados de pilas de ropa.

—¿Qué pasa? —pregunté al entrar.

—Estamos despejando —contestó Cory. Recientemente había leído el libro de Marie Kondo, *La felicidad después del orden. Una clase magistral ilustrada sobre el arte de organizar el hogar y la vida*. Señaló pequeñas pilas de ropa y dijo que esa era la ropa que los niños se iban a quedar. Luego, señalando la más grande, añadió—: Y esa es para donar.

Jadeé cuando vi las playeras que le había comprado a mi hijo adolescente en mis últimos viajes, vestidos que había seleccionado cuidadosamente para mi hija preadolescente. Estaban casi nuevos y les quedaban a la perfección. Cuando yo despejaba su clóset, solo sacaba la ropa que ya no les quedaba o que se veía demasiado manchada.

—Estos vestidos no tienen nada de malo —le dije a Eva, levantándolos para rescatarlos de la pila—. Y todavía te quedan. ¿Por qué te quieres deshacer de ellos?

—Lo sé, Mami, pero no me hacen feliz —me contestó, su voz inocente y libre de ironía.

Yo pensé en mi infancia en México y me visualicé de niña, caminando descalza por los caminos de tierra de mi colonia, las piedras raspando mis pies callosos, vestida con harapos. Los pocos vestidos que yo tenía estaban manchados, desgastados y llenos de hoyos, descosiéndose por todas partes. En desesperación, mientras nos cuidaba, mi abuela materna nos había hecho un vestido a mi hermana y otro a mí de un mantel, diciendo que su mesa no necesitaba tales cosas. Recuerdo que el vestido, delgado y rasposo contra mi piel, se sentía incómodo en mi pequeño cuerpo. Al usarlo, sentí vergüenza y gratitud. Vergüenza de que fuera lo mejor que podía hacer mi abuela, y gratitud por el hecho de que hiciera cualquier cosa con tal de vestirnos.

Ahora, rodeada de la ropa "infeliz" de mis hijos, me vino a la mente la imagen de aquel vestido hecho con la tela de un mantel. No irradiaba felicidad, pero era lo que teníamos. Y de una forma extraña y complicada, era suficiente. O tenía que serlo.

Estaba enojada con mis hijos y, sin embargo, ¿no había sido yo la que había comprado toda esa ropa? Vestidos para mi hija, retacando su clóset en incontables viajes a las tiendas. Recuerdo el placer que sentí rebuscando entre los anaqueles, imaginándome *a mí* de chiquita adornada con brillitos y encaje. Al no haber tenido nada hermoso de niña, vivía de manera indirecta a través de ellos. En mi mente, no solo les regalaba ropa: les estaba dando la niñez que yo había querido. ¿Cómo culparlos por desechar cosas que nunca habían pedido?

Mi molestia dio paso a la culpa… y luego a la vergüenza. Fue un doloroso despertar ver que, lo que yo había anhelado de niña no era necesariamente lo que mis hijos necesitaban para sentirse amados. Mi trauma por una infancia de pobreza me había llevado a darles todo lo que yo nunca tuve, pero ese acto en sí, que pretendía mostrar amor, creó sin querer una brecha, dejándonos con poco terreno en común. Yo los observaba desde mi "prisión soleada del sueño americano".[2]

No fuimos a Hawái como quería mi hija. Nos fuimos en cambio a Europa. Me invitaron a leer uno de mis libros en la Universidad de Münster, en Alemania, y me llevé a la familia. Mi esposo, mis hijos y yo paramos primero en París unos días antes de irnos a Alemania. Después de Münster, nos fuimos a Londres, Edimburgo y Reikiavik. Eva y Nathan habían viajado a muchos estados del país y a México a visitar a la familia, pero este era su primer viaje a Europa.

En París tomamos un crucero por el río Sena y visitamos la Torre Eiffel y la catedral de Notre Dame. Vimos el musical *Wicked* en el West End de Londres y desayunamos en el Elephant House de Edimburgo, donde J. K. Rowling trabajó en sus libros de Harry Potter. Esos momentos fueron más surreales para mí que para mis hijos. *Traje a mis hijos a Europa,* seguía pensando. Luego, recordaba mi niñez, cómo mi padre no podía siquiera llevarnos al cine que había calle abajo.

Al segundo día de haber llegado, mi hijo adolescente extrañaba a su novia y sus videojuegos, y empezó a decir:

—Ya me quiero ir a casa.

Se volvió su mantra las siguientes dos semanas. Mi hija no se quejó mucho durante el viaje, pero después, cuando estaba recordando con ella y le pregunté si le gustaría volver a Europa algún día, dijo:

—Sí, pero no a París. Me gusta más la campiña francesa.

Hay momentos en que las cosas que salen de las bocas de mis hijos en su inglés sin acento me hacen pensar que debería releer *Sweet Valley High* ¡a ver si los entiendo mejor!

La vida clasemediera estadounidense idealizada que presentan en esos libros, la propia vida que mis hijos ahora encarnan con facilidad, sigue pareciéndome totalmente extraña. ¿Es esta la medida del éxito? ¿Proveer una vida tan profundamente distinta de la mía que crea una nueva nación dentro de nuestra familia? Les ofrecí una "vida mejor", sí, pero nunca imaginé el costo de nuestra narrativa compartida. Procuré darles *más*, solo para descubrir que "más" también significa "menos": una experiencia menos común, menos comprensión, menos de esa conexión profunda que solo la dificultad puede crear.

Hay momentos en que siento que mis hijos se han ido a un lugar donde ya no puedo seguirlos. Solo ahora comprendo cómo se sintió mi padre viendo a sus propios hijos hacer lo mismo.

Cuando mi papá nos coló por la frontera para vivir en Los Ángeles, arriesgó nuestra vida para darnos la oportunidad de tener una mejor vida en un lugar donde fuera posible. Poco a poco, mis hermanos y yo quedamos seducidos por la forma de vida local y la distancia entre él y nosotros se ensanchó.

—Mis hijos no hablan conmigo. Otro idioma han aprendido y olvidado el español. —Mi padre solía cantar mientras escuchaba las canciones de Los Tigres del Norte, sumido en la nostalgia por México que le traía oírnos hablar inglés—. Piensan como americanos. Niegan que son mexicanos, aunque tengan mi color —se lamentaba.

La canción "La jaula de oro", un himno de los inmigrantes, capturaba a la perfección la realidad de mi padre como un proveedor migrante. Su letra se hacía eco de la soledad callada de construir una nueva vida en una tierra extraña, y de la ironía agridulce de alcanzar el éxito material mientras sacrificaba la libertad, la comunidad y la relación con sus hijos. La canción hablaba del alto precio que pagó por el sueño que guardó para nosotros. Sí, la vida era "mejor" en Estados Unidos, pero una jaula de oro sigue siendo una jaula, dice la canción. La ganancia material no erradicó la sensación de estar atrapado por la pérdida y el miedo a la deportación.

—¿De qué me sirve el dinero si estoy como prisionero? —cantaba mi papá escuchando este clamor colectivo de tristeza migrante.

Había veces en que estaba segura de que se arrepentía de habernos traído. Pero si pudiera elegir entre dejarnos vivir en la pobreza extrema de nuestro pueblo y la vida en Estados Unidos, sé que siempre habría elegido la segunda. El intercambio dulce y a la vez amargo de su éxito era vernos partir ahora hacia un lugar donde no podía seguirnos... sucumbir a la asimilación, alejarnos de él, de nuestra lengua, de nuestra herencia, viendo cómo se construían los barrotes de nuestra propia celda.

Sus hijos prosperaban en las jaulas de oro que él solo podía admirar tras los barrotes de la suya.

Cada vez que entraba en pánico al ver a mis hijos convertirse en personajes de *Sweet Valley High*, me los llevaba a Iguala, a esa ciudad en México asolada por la pobreza. Nos quedábamos en la casa de mi tía, donde no había tubería ni para el baño, así que mis hijos tenían que llenar una cubeta de agua del tanque y echarla en la taza para que bajara. Si querían darse un baño caliente, tenían que calentar una olla de agua en la estufa. Si necesitaban ropa limpia, tenían que tallarla a mano en el lavadero. Desesperada por mostrarles de dónde había venido, a veces me peleaba con mis propios cuestionamientos: *¿Es correcto exponerlos a tanta penuria si he trabajado tan duro para protegerlos de esto? ¿Los estoy abrumando con la dura realidad de mi niñez? ¿Lo hago por ellos o por mí, esperando que puedan entender mi esfuerzo, aprender de mi resiliencia?* Quizás, *¿admirarme?*

En uno de nuestros viajes a Guerrero, llevaba mi cámara en un paseo que dimos por mi viejo barrio. El aire estaba cargado de polvo, pesado con el olor a tierra seca y leña quemándose en los fogones. El ladrido de los perros callejeros haciendo eco a la distancia, mezclado con los llantos débiles de los niños. Piedras sueltas esparcidas y aplastadas bajo mis sandalias mientras caminaba por la calle agrietada y calcinada por el sol.

Cuando pasé junto a una casucha hecha con palos y cartón, como en la que nací, una niñita descalza saltó en la reja y dijo:

—¡Hola!

Le devolví el saludo y le tomé una foto.

Cuando volví de mi caminata le mostré a mi hija las imágenes que había sacado, incluyendo la de la niña. Eva se le quedó viendo, y luego dijo:

—Se parece a mí.

Estudié la foto y me di cuenta de que tenía razón; con su cabello cobrizo bajo la luz del sol, la niña se parecía mucho a Eva.

—Pude haber sido ella —dijo, su voz queda, pero firme.

En ese instante, las palabras de mi hija fueron un bálsamo que calmó la vergüenza de lo que mi "éxito" me había costado. Tal vez sea suficiente para ellos solo ver la pobreza, sin necesidad de sentirla, vivirla, para comprender en verdad la diferencia. Empece a comprender que no podía echarles a mis hijos en cara la vida que les había dado. Si la batalla más grande de su vida es experimentar la clase de vida de *Sweet Valley High*, protegidos en sus jaulas de oro, entonces estoy dispuesta a pagar el precio, igual que mi padre.

Al ver a mis hijos triunfar en la brillante prisión iluminada por el sol del Sueño Americano, los ecos de "La jaula de oro" resonarán siempre; el himno de mi padre, ahora mío. Elegí las condiciones del confinamiento. Rompí el ciclo intergeneracional de pobreza. Es un triunfo agridulce, pero un triunfo pese a todo.

La labor de una escritora

Pero siempre son tuyos, tus libros, al igual que tus hijos. Tú ayudaste a que tu obra cobrara vida, y cada día la tienes que alimentar, ayudarla a estar bien, darle consejos y amarla cuando te ignore.

—ANNE LAMOTT[1]

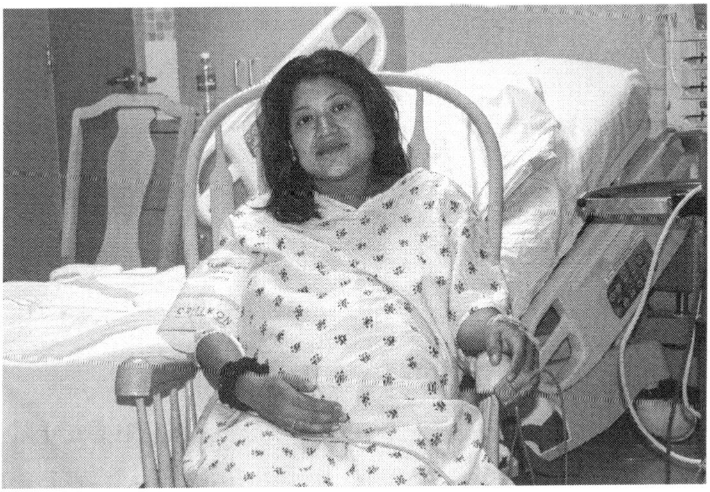

Reyna en trabajo de parto

Cuando mi hijo nació, cada contracción se sentía como un puño invisible aplastando mi columna vertebral. Le supliqué a las enfermeras que me pusieran una epidural, pero ellas insistían:

—El anestesiólogo está ocupado. No puede venir ahora.

Grité tanto, que al fin se apiadaron de mí y me dieron un opioide, probablemente Demerol, pero era una dosis muy alta y me durmieron.* Mi hermana Mago tuvo que sacudirme entre contracciones para despertarme.

—Nena, despierta… ¡tienes que pujar o te van a abrir!

Con el parto de mi hija, el dolor fue menos severo, las contracciones más parecidas a un cólico menstrual espantoso, y esta vez el anestesiólogo no estaba ocupado y me administró de inmediato la epidural. Un suspiro de alivio.

Después de mi primer libro, asumí que el siguiente siempre sería menos doloroso: más fácil de escribir, de promocionar, de vender, como dar a luz. Muy rápido aprendí que no era el caso. Cada libro presenta sus propios retos, y no es algo que se vuelva más fácil con el tiempo.

Mi primogénito

El nacimiento de mi primera novela fue una batalla con el oficio, un doloroso parto de amor. Después de solo haber escrito cuentos y poemas cursis, me costó trabajo sustentar una historia a través de múltiples capítulos. Como madre soltera y maestra de secundaria a tiempo completo, le rascaba horas a la noche después de que mi bebé ya estaba dormido, y en los fines de semana. Tres años después de terminar la universidad, mi manuscrito a medio acabar estaba guardado en un cajón y mi sueño de convertirme en escritora publicada se me escapaba. Aborrecía la idea de que mi novela muriera nonata. Me rehusé a permitir que la presión de sortear la maternidad fuera motivo para abandonar mi arte. Así que lo desempolvé y perseveré, palabra por palabra, página tras página. Me sentaba en la mesa de la cocina, la fría madera bajo los codos, el olor a café viejo como único acompañante en el silencio de la madrugada.

---

* Yo no aguanto nada. Soy famosa por emborracharme con medio mojito.

A pesar de esas dificultades, ahora reconozco que al escribir *A través de cien montañas* tuve una inocencia bendita, un regalo. En aquel entonces, yo pensaba que la única parte difícil era que las palabras estuvieran bien. ¿Qué más podría necesitar? Tenía un trabajo a tiempo completo que, aunque lo odiaba, pagaba las cuentas y me protegía de las presiones ocultas que acompañan mantener una carrera como escritora a tiempo completo. Mi relación con mi libro era simple: solo éramos mi libro y yo. Si bien no carecía de dolor, no enfrentaba presiones externas: no había agente, ni editor, ni lectores, ni críticos. No tenía fechas de entrega ni expectativas de ventas. La única expectativa era la mía, y la urgencia de escribir venía de mi interior.

Aunque batallé para aprender la labor del novelista, estaba creando por el gusto de hacerlo. Escribía para mí. Y me divertía jugando con mi novela. La reescribí múltiples veces: experimenté con los puntos de vista, capturé la voz de la protagonista, añadí personajes y me deshice de ellos, y descubrí cómo entretejer dos tramas en una, una cronológica y la otra no lineal, consiguiendo ese giro a la perfección. Si no lo lograba, si fracasaba, sería un acto solitario. Una humillación privada.

Por suerte para mí, me aceptaron en la Beca de Voces Emergentes de PEN, donde encontré una mentora y una agente, que estuvieron conmigo en la sala de partos y me animaron a pujar.

Veintiséis editores rechazaron la novela. Uno de plano dijo que a nadie le iba a interesar la historia de una niña mexicana migrante. Pero la número veintisiete, Malaika Adero, en Atria Books, dijo, "¡Sí!", con un modesto adelanto para calmar los dolores de parto.*

* Un adelanto es dinero que un editor te paga por adelantado (menos el 15 por ciento de comisión para tu agente), a menudo en pequeños pagos diferidos; por ejemplo, cuando firmas el contrato, cuando entregas el manuscrito final y cuando el libro se publica finalmente. No verás más dinero de ese libro hasta que haya recuperado el adelanto con las ventas. Después

Año y medio después, cuando el libro se publicó, pensé que ya había terminado la parte difícil y suspiré aliviada. Lo había logrado… ¡había logrado publicar! Ya no era una escritora en ciernes. Era oficialmente una escritora de verdad. Pero entonces, todo cambió.

El síndrome de la segunda novela

Al embarcarme en mi segundo libro, enfrenté nuevos miedos. En esta ocasión, la sala de partos estaba retacada de dudas y de incesantes cuestionamientos mientras pujaba para verter la novela en la página: *¿Y si mi editora la rechaza? ¿Y si mis lectores la odian? ¿Y si los críticos la despedazan? ¿Y si es un fracaso y se acaba mi carrera de escritora?*

A través de cien montañas fue un salto secreto de fe, pero *Dancing with Butterflies* fue un salto de miedo público. Ahora, a mi aguda autocrítica se le unió el juicio imaginario de la comunidad literaria entera. Me paralizaba la mirada del mundo, convirtiendo esa página en blanco en un panorama hostil. ¿Podía hacerlo de nuevo? ¿Mi primer libro había sido un mero golpe de suerte?

Todos los días me sentaba en mi escritorio y miraba fijamente el cursor, su parpadeo parecido a un ojo burlón. Pronto descubrí que mi tormento tenía nombre: Síndrome de la Segunda Novela. Es una aflicción común en los escritores. El éxito y el fracaso por igual traen su dosis de miedo. Mientras que los autores exitosos temen que su siguiente libro no esté a la altura, mi presión como autora

---

de ese punto, empezarás a ganar regalías, que son un pequeño porcentaje de la venta de cada libro. El porcentaje de regalías varía a partir del formato de un libro: para libros de pasta dura, las regalías por lo general varían entre 10 y 15 por ciento. Para los de pasta blanda, suele ser de 7.5 por ciento. Para los e-books, el porcentaje por lo general ronda el 25 por ciento. Por ejemplo, si el precio de venta de tu libro es de veinte dólares y tu regalía es de 10 por ciento, recibes dos dólares por libro.

debutante con ventas moderadas era igual de agudo. Como una de las pocas escritoras latinas publicadas por una editorial comercial —un mundo donde menos de 8 por ciento de los autores publicados son latinos—,[2] tenía que demostrar mi valía. Todo mi futuro literario dependía de este siguiente intento. Los editores no ofrecen garantías más allá del primer libro, y tener ventas bajas puede obligar a los escritores a autopublicarse o a renunciar. Es cuestión de sobrevivir en un entorno literario desafiante, custodiado por centinelas que son 72.5 por ciento blancos.[3]

Los problemas con mi segunda novela me condujeron a un programa de maestría en Bellas Artes,* pero lo que finalmente se abrió paso a través de mi bloqueo creativo fue enterarme de que estaba embarazada de mi hija. Ese hormigueo constante en mi vientre borró el temor de no ser suficiente como escritora. Todo se redujo a la espera del nacimiento de mi bebé. Escribía con el vientre abultado presionado contra el escritorio, apurando las palabras, no contra la fecha límite de mi editora, sino contra las inminentes exigencias de una recién nacida. Dejé de sentir lástima por mí, silencié las voces negativas en mi cabeza y trabajé al máximo. Poco después de traer a mi hija a este mundo, le entregué la novela a mi editora... un suspiro profundo y exhausto de doble alivio.

Aun cuando recibió una buena reseña de *Publishers Weekly*, como pasó con mi primer libro, las ventas iniciales de mi segunda novela se estancaron sin importar qué tanto la promoviera. Mi miedo más profundo se estaba volviendo realidad: mi novela era un fracaso y no tenía lo que se necesitaba para ser una "escritora de verdad".

Para *Dancing with Butterflies* no encontré esa pasión y esa solemnidad que había sentido al hablar de mi historia como migrante en

---

* Siempre estaré agradecida con mi mentor, Leonard Chang, por apoyarme con esta novela durante un año entero, leyendo muchas páginas más de las requeridas, además de ofrecerme una retroalimentación invaluable.

A través de cien montañas. Con mi primera novela hablaba con una emoción cruda: *Déjenme contarles de mi padre que cruzó la frontera y me abandonó, de crecer con miedo de nunca volverlo a ver*. Con mi segunda novela sentía que estaba diciendo: *Déjenme contarles de estos personajes que inventé*... Aunque el libro abordaba temas importantes, como envejecer, muerte fetal, maltrato infantil y migración, me costó trabajo hablar de ellos en una forma que le importara al lector. ¿Mi fracaso por interesar a los lectores en mis personajes impactó su éxito comercial? ¿Fue la falta de exposición mediática y reseñas? ¿Fue que mi editora decidió publicarla como original en pasta blanda en lugar de pasta dura?* ¿El contenido adulto del libro lo volvió menos atractivo para el mercado académico, limitando aún más su alcance?

Nunca se aclaró por qué mi libro fracasó. Pero yo estaba —y sigo estando— muy orgullosa de él. Malabarear cuatro puntos de vista y entretejer esas cuatro tramas fue una danza intrincada, impulsándome más allá de lo que creía poder hacer. Aprendí a darle una voz única a cada personaje con un punto de vista, explorar las tres dimensiones del personaje —fisiológica, sociológica y psicológica—** y usar los temas para fortalecer el arco narrativo y de los personajes. También aprendí a tomar riesgos: a permanecer más tiempo en escena, mostrar las vidas internas de mis personajes con más profundidad y abrazar una intensidad gradual (a diferencia de *A través de cien montañas*, con su trama rápida y muy intensa, y su escasa prosa).

Más que nada, me encantó celebrar el baile folclórico, un aspecto hermoso de mi cultura mexicana, a través de mi novela. Es un

* Hay un sesgo contra los libros que no se publican primero en pasta dura. Algunas publicaciones no reseñan libros en pasta blanda, lo que afecta la exposición del libro ante los lectores.

** Las "tres dimensiones del personaje" de Lajos Egri me han sido muy útiles tanto para mi ficción como para mi no ficción.

tema del que rara vez se escribe, ya sea en ficción o en no ficción. Los anaqueles de las bibliotecas están llenos de libros sobre baile moderno y ballet, pero los libros sobre danza folclórica son pocos. Me divertí tanto investigando para la novela. Pude asistir a numerosas presentaciones de baile y pasar tiempo con bailarines talentosos, directores y diseñadores de vestuarios, de quienes aprendí la rica historia del baile folclórico.

Al día de hoy, espero que *Dancing with Butterflies* encuentre su camino, aunque secundo el alivio de Amy Tan: "Me da gusto no tener que volver a escribir un Segundo Libro nunca más".[4]

En el caso de *A través de cien montañas*, casi dos décadas después, al revisar las declaraciones de regalías que recibo cada seis meses, vi su silenciosa victoria. El libro ha perdurado gracias a maestros, a haber ganado el premio American Book y a mi incesante promoción. Sigue impreso, generando un cheque cada seis meses, cada uno testamento de ese esfuerzo prolongado. Una vez soñé con tener éxito de la noche a la mañana y estar en las listas de los más vendidos, pero *A través de cien montañas*, mi persistente primogénito, me enseñó una verdad más profunda: el verdadero impacto a menudo no es un pico repentino, sino una presencia constante y duradera en el mundo literario. En 2026, el libro cumplirá veinte años y recibirá una edición especial de aniversario. Su longevidad ha redefinido mi comprensión de lo que el *éxito* significa.

Nacen memorias

Durante mi maestría en Bellas Artes, tuve el privilegio de estar en un taller de ficción que enseñaba Cheryl Strayed. En un receso, le pregunté en qué estaba trabajando, esperando que me dijera que estaba escribiendo otra novela. En cambio, dijo que estaba escribiendo unas memorias sobre la muerte de su madre a causa del cáncer, que se convertiría en *Salvaje*. Me hizo preguntarme si yo tendría el valor de cambiar de género.

Mis primeras dos novelas, si bien inspiradas en mis experiencias, no fueron estrictamente autobiográficas. La ficción me había permitido distanciarme de momentos dolorosos que temía enfrentar. Pero un día, di un salto de fe. Al principio me intimidó escribir memorias, sintiendo que no conocía las "reglas". Nunca había tomado clases de no ficción ni había leído el género. Pensé que mi formación en ficción me jugaba en contra, pero pronto aprendí que estaba equivocada. De hecho, mi caja de herramientas de ficción era mi más grande recurso. Mi conocimiento de trama, estructura, arco narrativo y de personajes, escenas, diálogo y descripción me ayudó a moldear mi vida en una historia atractiva: una historia que le aporte significado a las dificultades en mi vida y a su vez ayude a los lectores a encontrar significado en la suya. Me tomó más de tres años escribir *La distancia entre nosotros*. Por suerte, la vendí cuando apenas iba a la mitad con una propuesta de libro y capítulos de muestra. El adelanto cubrió algunos costos de la niñera, liberándome de la rutina de "tarde en la noche, después de que los niños y el marido se hayan dormido" y me dio tiempo para terminar el libro.

Mis novelas me habían enseñado la labor de contar una historia, pero mis memorias me enseñaron el arte de vivir mi propia historia. Cómo confrontar mi verdad, no solo a la manera de un personaje en una página, sino como autora de mi propia vida. Mientras que *A través de cien montañas* fue un acto privado de sanación a través de la ficción, *La distancia entre nosotros* se convirtió en una declaración pública, obligándome a asumir la responsabilidad de mi propia historia. Escribir desde la perspectiva de una niña inmigrante me permitió iluminar el costo humano de la migración, a menudo perdido en los debates políticos.

Más allá de sanar esas cicatrices personales, escribir las memorias fue un despertar político. No fue solo cuestión de aprender de mis experiencias como inmigrante indocumentada; fue una respuesta al presente. Mientras yo batallaba con mi libro, la Ley Dream no se aprobó de nueva cuenta, y en mi impotencia, me recordé a mí misma que tenía una voz. Podía escribir. Podía contar mi historia. Quería mostrar cómo la separación de mi familia, nuestra pobreza y vivir en las sombras afectó y moldeó mi vida entera. Así es como descubrí mi voz como activista literaria, defendiendo a mi comunidad en contra de la retórica antimigratoria.

Y en esta labor no estaba sola. Mi viaje como escritora emergente me llevó a una comunidad de voces poderosas. Al escribir *La distancia entre nosotros*, me uní a un grupo de redacción con autoras como Sonia Nazario, cuyo libro *La travesía de Enrique* me inspiró, y quien, así como yo, defendía los derechos de los inmigrantes. También me aceptaron en el Taller de Escritores Macondo, fundado por Sandra Cisneros, donde pude trabajar con Helena María Viramontes, Manuel Muñoz y otros grandes escritores. Esta comunidad, maestros y mentores me apoyaron al momento de contar mi historia.

Agosto de 2012 trajo al mundo *La distancia entre nosotros* con una mísera onda, un marcado contraste ante el tsunami que fueron las memorias de Cheryl, *Salvaje*, lanzada cinco meses antes, elegida en el Club de Lectura de Oprah y con un contrato cinematográfico bajo el brazo. Pero yo me rehusé a dejar fracasar mi libro.

Mi determinación brotó de la necesidad, no de la vanidad. Dos meses antes de su publicación, a mi esposo y a mí nos despidieron de nuestros empleos como maestros de inglés en el Distrito Unificado de Escuelas de Los Ángeles. Nuestra escuela para adultos fue una de las veinte que cerraron permanentemente debido a recortes de presupuesto. Ese verano de 2012 estiramos cada dólar hasta lo imposible. Solicité un seguro de desempleo, pero una chamba chiquita de trescientos dólares bastó para cancelar mis míseros beneficios. Mientras que mi esposo tuvo la suerte de ser recontratado por el Distrito, yo no. Para el otoño no tenía ninguna oferta de trabajo. Todo lo que tenía era una copia recién impresa de *La distancia entre nosotros*, y juré hacer todo lo posible para ganarme la vida escribiendo. Ese libro era todo lo que tenía, así que promoverlo se volvió mi trabajo a tiempo completo. Cualquier ganancia del libro, por pequeña que fuera, sería una afirmación tangible de que mis palabras podrían de hecho poner comida en la mesa.

Había aprendido con mi primer libro que el publicista de una editorial trabaja en tu libro durante un tiempo limitado: alrededor de tres meses antes y después de su publicación. Después de eso, básicamente estás por tu cuenta con el cuidado postparto. Los publicistas malabarean múltiples títulos a la vez, no solo el tuyo, y cuando se acaba tu tiempo, continúan con los demás. Pero tú no puedes hacer eso. Es tu bebé, y tienes que criarlo. Verlo crecer, sostenerle la mano hasta que logre poner los pies firmes en el suelo, sobre todo en un negocio donde los libros de escritores de color a menudo luchan por destacar.

Separar mi arte del aspecto empresarial de publicar fue una de las cosas más difíciles que he hecho. Sí, soy una artista creando una obra de arte, y en un mundo ideal, así es como me gustaría pasar todo mi tiempo: creando. Pero rápidamente me di cuenta de que una vez que tu libro se publica y tiene precio, se vuelve un producto que debes vender. Publicar es un juego de números. Las ventas fuertes de mi tercer libro eran cruciales para demostrar que mi carrera era viable. Además, no solo estaba vendiendo libros… estaba peleando por mis historias, por las historias de inmigrantes que un editor dijo que a nadie le importarían. Consciente de esto, acepté las invitaciones a todos los eventos, incluso si todo lo que podían darme era una comida y dinero para la gasolina. Mandé correos a maestros, organizadores de conferencias y agencias de noticias.

Mi desesperación me llevó a una idea loca. Un amigo me metió al edificio de *Los Angeles Times* para presentarme a Héctor Tobar, uno de sus críticos literarios. Yo sabía que muchos libros, en especial de escritores de color, terminaban en la pila de rechazados. ¿Qué oportunidad podía tener mi historia de inmigrantes? Estaba desesperada por lograr que se notara. Con una versión preliminar ya en manos de Héctor Tobar, me fui rezando para que le echara una ojeada antes de tirarlo a la pila.

Semanas después, para mi más grande alegría, una hermosa reseña de mi libro apareció en *Los Angeles Times*. Esa reseña, una nominación al Premio del Círculo Nacional de Críticos Literarios y el fuerte apoyo de maestros y de mi comunidad llevaron mi carrera al siguiente nivel. La larga vida de las memorias, además del ingreso por eventos, ponencias y discursos, me dieron el privilegio de ser escritora a tiempo completo.

Ganarme la vida a través de mi narrativa fue un viaje difícil que requirió muchos sacrificios. Los constantes viajes y el estrés crónico de jugar malabares entre mis conferencias y mi obra han cobrado una cuota en mi cuerpo y en mi tiempo con mi esposo y mis hijos. Si no estoy en un escenario, estoy frente a una página o promoviendo eventos, o agendando vuelos y hoteles. Entre todo eso encajo cuanto tiempo de calidad puedo con mi familia. Nunca olvidaré cuando mi hija era chiquita y literalmente agarraba mi brazo, se lo pasaba alrededor, y decía, "¡Ponme atención!". La culpa de que mi mente divagara —a fechas de entrega, personajes o discursos— era constante. Sin embargo, mi familia ha hecho espacio para que yo escriba y sé que no podría lograrlo sin todo su apoyo y su paciencia.

Mis siguientes memorias

Las duras lecciones de mis primeras novelas, en especial el autodescubrimiento de promover *La distancia entre nosotros*, hicieron toda la diferencia. Mi siguiente libro, *La búsqueda de un sueño*, fue la culminación de esas labores anteriores, demostrando mi crecimiento como escritora. Estas memorias fueron una labor de parto sorprendentemente "fácil" en términos de creación, materializadas a partir de anécdotas desperdigadas en una narrativa cohesiva en un solo año. Al día de hoy, ha sido la entrega más rápida de cualquier libro en mi carrera.

Después de que se publicaran mis primeras memorias, viajé constantemente de escuela en escuela, de conferencia en conferencia, hablando de mi separación de mis padres y de mi trauma de migración. A donde quiera que fuera, los lectores querían saber qué pasó después: "¿Cómo es tu relación con tus padres ahora?", "¿Alguna vez has deseado que tus padres no se hubieran divorciado?", "¿Te arrepientes de haber venido a Estados Unidos?", "¿Y qué pasó con tu abuela malvada?", "¿Qué andan haciendo tus hermanos?". Yo compartía anécdotas, y poco a poco me daba cuenta de que estaba escribiendo otras memorias en mi cabeza.

Cuando mi editora me preguntó si había considerado escribir una continuación de *La distancia*, le dije que sí, pero que no había empezado. Llevaba casi tres años peleándome con escribir una novela histórica, aventándola constantemente al cajón, temerosa de cargar con más de lo que podía manejar. Estaba lista para darme por vencida, así que la sugerencia de mi editora llegó en el momento perfecto.

Un año después, le entregué el borrador final de las memorias. Ya había hecho gran parte de la redacción previamente al compartir todas esas historias con mis lectores. Los recuerdos estaban vívidamente despiertos, solo esperando que los pusiera en papel. Gracias a todo lo que había aprendido de escribir *La distancia entre nosotros*, sabía exactamente cómo abordar estas memorias: cómo encontrar el tema central, estructurarla y seleccionar qué momentos incluir y omitir. En cuanto a mi arte, fue un nacimiento sin dolor.

Emocionalmente, no tanto. Revivir esos momentos dolorosos de mi vida fue una tortura: rascándome las heridas, sangrando por toda la página cada vez que escribía. Fue una masacre. Mi ficción ofrecía un escudo, pero las memorias eran un bisturí, exponiendo al mundo la cruda verdad de mi corazón.

Para este libro recibí un adelanto mucho más grande, lo que conllevaba un peso aún mayor de expectativas. Ese contrato encendió mis inseguridades de siempre. Cada vez que me sentaba a escribir, me preguntaba a mí misma: *¿Realmente mi historia como migrante vale tanto dinero? ¿Y si a mi editora no le parece y me pide el adelanto de regreso?*

Luego, mi editora renunció cuatro meses antes de la publicación del libro, y quedó huérfano. Perder a su más grande campeón —el que pelea por él en las reuniones de *marketing* y ventas— es una de las peores cosas que le pueden pasar a un libro. El nacimiento del libro solo era el principio. La labor pesada de escribir es seguida de inmediato por la igualmente agotadora labor de criar al niño sola.

A pesar de su modesto lanzamiento, *La búsqueda de un sueño* ha logrado encontrar su propio éxito en universidades públicas y programas de lectura de estudiantes de primer año universitario.* En el libro, centré las experiencias de estudiantes de primera generación y estudiantes transferidos, honrando a quienes han hecho historia por ser los primeros graduados universitarios en sus familias. Después de todo, plasmé mi viaje hacia construirme a mí misma un hogar y volver mi sueño de ser escritora una realidad. El silencioso viaje del libro ha sido testamento de la idea de que la labor de un escritor no termina con el manuscrito final: es un compromiso de por vida.

* Estaré por siempre agradecida con los profesores del Proyecto Puente, que han defendido este libro.

Explorar un género nuevo

En 2020, mientras la pandemia corría rampante por el mundo y todos estábamos metidos en nuestras casas, se cancelaron todas mis conferencias. La repentina pérdida de ingresos, encima del caos, me hizo entrar en pánico. Como una artista autoempleada, he aprendido a vivir con las múltiples subidas y bajadas económicas, pero la pandemia hizo más pesada la vida. Para escapar de esta ansiedad, saqué la novela histórica que había abandonado tres años atrás. Mi nueva editora me ofreció un generoso contrato con solo una propuesta y capítulos de muestra. Con la preocupación financiera al fin fuera de mi cabeza, me dediqué a escribir. En cuestión de meses, pasé de doscientas páginas mal escritas a un primer borrador decente de cuatrocientas páginas, el cual le presenté a mi editora para su revisión. Poco más de un año después de firmar el contrato, entregué el manuscrito final. Tenía jornadas de diez horas de redacción que muchas veces se extendían hasta altas horas de la noche.* Aún recuerdo una ocasión en que mi esposo se levantó a las seis de la mañana para alistarse para el trabajo y me encontró todavía jorobada en mi escritorio, ¡perdida en los 1840!

Me peleé con esta novela desde que la empecé en 2014. Fue mi primera ficción histórica. La primera vez que escribía fuera de mi género y mi cultura: estaba centrada en un soldado irlandés del siglo XIX en el ejército de Estados Unidos que deserta para unirse al ejército mexicano. Con este libro, no podía depender de mis propias experiencias. Al embarcarme en esta historia, sentí que invitaba a mi vida una clase distinta de fracaso. El nivel de investigación era abrumador, lo mismo que comprender la política del siglo XIX y enfrentar temas difíciles, como el Destino Manifiesto y

* Todo ese tiempo en la computadora derivó en que desarrollara ciática.

el imperialismo. *¿Y yo qué sé de ser un soldado, pelear batallas y disparar cañones?*, me preguntaba. *¿Y yo qué sé de sobrevivir a una invasión, la inanición y ser testigo de incontables muertes? ¿Yo qué sé de ser un inmigrante irlandés?* No me extrañaba que hubiera dejado el proyecto en repetidas ocasiones. ¿La historia era siquiera mía para contarla? Yo no era irlandesa, pero quería honrar a esos valientes hijos de Erin, el Batallón de San Patricio, que entregaron su vida en la defensa de México contra la invasión estadounidense en 1840. De cierta manera, vi esta novela como una carta de amor para ellos. No mucha gente sabe que los irlandeses tuvieron un papel crucial en la creación de la frontera entre México y Estados Unidos.

El caos de la pandemia me había dotado de forma inesperada de un santuario. En casa, tenía tiempo para escribir sin excusas ni distracciones. Sobre todo, me di cuenta de que mi ansiedad y la incertidumbre respecto al futuro —todos los miedos derivados de la pandemia— imitaban las emociones de mis personajes. Así como la pandemia había puesto de cabeza al mundo, así también la invasión de Estados Unidos a México había volteado el suyo.

La novela me sirvió de depósito para todos los miedos y ansiedades con los que estaba lidiando. Mi ficción se volvió un refugio; me ayudó a superarlos. Aquí, en medio de soldados y batallas, encontré mi escape, contemplando a mis personajes navegar sus propios horrores en lugar de concentrarme en los nuestros. Lo cierto es que *Corrido de amor y gloria* me mantuvo cuerda durante la pandemia.

Aprendí que escribir ficción histórica, si bien es intimidante, es profundamente gratificante. Esta novela me condujo a nuevas perspectivas que no habría descubierto de no haber continuado. No solo encontré una nueva forma de escribir, también me enseñé a mí misma la historia que no se incluye en los libros de texto de Estados Unidos. Esta investigación me empoderó para aprender cómo la comunidad mexicoamericana siempre ha estado aquí, y cómo el robo de territorio mexicano por parte de Estados Unidos es una historia que nunca debió haberse olvidado. Esa verdad me ayudó a replantear cómo me veo a mí misma como mexicana. Digan lo que digan para cambiar la historia, *nosotros* no somos los invasores.

Como ya es costumbre, *Corrido de amor y gloria* entró al mundo sin llamar mucho la atención —cobertura limitada en medios, poca exposición en librerías—, un recordatorio de que, para esta escritora, la labor nunca termina realmente.* Acepto que el trabajo creativo de escribir siempre será difícil, que cada libro será un reto. Puedo con esos dolores de parto. Pero tampoco le diría que no a una epidural literaria, la clase de editorial y de apoyo mediático que alivia el dolor de recorrer las calles tratando de correr la voz sobre mis libros y que me permite enfocarme más en escribir. Estoy muy agradecida por la disciplina y el aguante que he desarrollado, los cuales me permiten abrazar este trajín. Es un esfuerzo incesante, pero es el precio que pago por el privilegio de vivir de lo que más amo: contar historias.

Cada libro, un hijo único, nacido de su propia y distintiva labor —en algunos casos atroz, en otros tan inmediato que sorprendía—, exige una crianza distinta después de nacido. Y a través de cada uno aprendí que la vida del escritor no se reduce a la creación, sino incluye una constante devoción de por vida para nutrir a estos hijos de historias, para guiarlos por el mundo y celebrar sus pequeñas victorias. Y así, la labor sigue. Cada libro trae consigo una nueva lección, un nuevo reto; en cada libro, en cada página, queda un pedazo nuevo de mí. Es un testamento de las alegrías y los desafíos de una vida vivida por la pluma.

---

* Me siento muy agradecida con el Club de Lectura de *Los Angeles Times* por elegir mi novela y darle ese impulso tan necesario.

Hacia la frontera

¿Qué es una barrera de varios cientos de millas de largo, rematada con alambre de púas y vigilada por guardias armados, sino la expresión física de un imperio y de su voluntad?

—HÉCTOR TOBAR, *NUESTRAS ALMAS MIGRANTES*[1]

Muro fronterizo, sector de Tucson

El Desierto de Sonora se extiende frente a nosotros. En la frontera con Arizona hay un silencio inquietante. Miro por encima del inmenso mar de matorrales y árboles, y me pregunto quién andará por ahí. Corriendo, huyendo, muriendo. Las llantas hacen crujir el suelo de tierra, y pienso cómo la belleza de este paisaje es un fuerte contraste con la espantosa historia de las políticas fronterizas. Son la razón de que este escenario se haya convertido en un sitio de gran sufrimiento.

Es agosto de 2024, y nos encontramos a pocas millas del muro fronterizo, donde nuestro equipo de filmación pasó la mañana capturando el amanecer y hablando con migrantes y personas que buscan asilo en un campamento improvisado donde termina el muro en esta zona. Nos despertamos antes del amanecer para filmar el material final de nuestra película. Los cerros sobre los que construyeron el muro varían de tres a trescientos pisos de altura. Al manejar incontables millas por el camino de tierra paralelo al muro, nos sentíamos arriba de una montaña rusa macabra.

A pesar del sol abrazador del verano, las delicadas flores silvestres amarillas perforan valientemente el terrero arenoso. Los saguaros parecen rezar con los brazos en alto bajo un cielo enorme que no tiene piedad. Los mesquites, cargados de vainas aterciopeladas meciéndose en la brisa de la mañana. Sus hojitas brillan, atrapando los dorados rayos de luz y jaspeando el suelo de arena con sombras intrincadas. Aunque los ocotillos por lo general florecen en primavera, las lluvias del monzón lograron sacarle un segundo brote, tintando la punta de cada rama de un rojo brillante, como si las sumergieran en sangre.

Estoy tan absorta por la fiera belleza del desierto, que soy la última en notar la camioneta de la Patrulla Fronteriza acercándose por atrás, echándonos las luces. *¿Por qué nos paran?* La ansiedad desciende sobre mí, tan sofocante como el calor desértico.

El rugido de un helicóptero rompe la tranquilidad del desierto. Nos circunda por encima.

El pastor Randy de inmediato se detiene a un costado del camino. El pastor, cofundador de los Samaritanos de Green Valley-Sahuarita, ha sido el conductor de nuestro equipo de filmación de tres personas en los últimos días. Como la mayoría de los Samaritanos, el pastor es blanco, lo cual, para vergüenza mía, me hizo sentir un poco segura, pues éramos documentalistas de color, aquí, en territorio fronterizo, donde la Patrulla Fronteriza y los grupos parapoliciales cazan gente que se ve como nosotros.

—¿Qué pasa? —pregunto.

Uno de los miembros de nuestro equipo saca su cámara y empieza a grabar, lo cual es una gran idea, porque lo que sea que vaya a pasar, vamos a necesitar evidencia después.

He venido al Desierto de Sonora tres veces este año para documentar el trabajo humanitario que se hace en territorio fronterizo. Mi amigo documentalista David Damian Figueroa me sumó como uno de los productores de su actual proyecto cinematográfico. Salí de la universidad con doble título en cine y video, y creación literaria, pero no había hecho nada con mi título en cine, hasta ahora. Ser parte de este proyecto documental ha sido un retorno emocionante a mi pasión por la cinematografía.

Nuestro documental, *Samaritanos*, busca dejar entrever las esperanzas y los desafíos que enfrentan aquellos en busca de refugio en Estados Unidos y los voluntarios humanitarios que salvan vidas. El último año ha sido testigo de un aumento histórico en la migración de la frontera sur, con miles de personas de todas partes del mundo pidiendo asilo en el país. Durante el tiempo que ha durado el proyecto de filmación, nuestras cámaras han documentado este masivo movimiento, captando la diversidad de experiencias de individuos que huyen de países como Sudán, Guinea, Marruecos, India, Haití, Turquía, Bangladesh, Rusia, China, México, Venezuela y otros más de Centro y Sudamérica.

El Desierto de Sonora, que contiene parte de la inmensa biodiversidad del continente, ha sido armado en contra de los migrantes y convertido en una barrera viviente. Y en un cementerio. Después de que Bill Clinton firmara el Tratado de Libre Comercio de

América del Norte (TLCAN) en 1993, se lanzó el Operativo Hold the Line en Texas, el Operativo Guardián en California y el Operativo Salvaguarda en Arizona. Este desierto se convirtió en uno de los corredores más transitados de la migración indocumentada. Consciente de que el TLCAN incitaría la migración una vez que los mexicanos se dieran cuenta del pésimo trato que habían hecho, Clinton levantó un muro en la frontera entre Tijuana y San Diego, por donde yo crucé de niña.* Como resultado de las tácticas de "Prevención mediante disuasión", los migrantes se vieron forzados a tomar rutas de mayor riesgo en áreas más desoladas, y las defunciones en el cruce de fronteras se duplicó. Un excomisionado de los Servicios de Migración y Naturalización dijo una vez: "De hecho creímos que la geografía sería nuestra aliada".

El agente de la Patrulla Fronteriza sale de su camioneta y se acerca a nuestra SUV, que pertenece a los Samaritanos y está marcada claramente con el logo de la organización por ambos lados. No hay manera de no ver la cruz blanca sobre fondo rojo, así que sabe muy bien a quién está deteniendo. Aun así, yo me tenso, hiperconsciente de mi piel morena, de mi cabello negro. Reviso mi bolso para asegurarme de tener listo mi pasaporte de Estados Unidos.

El agente llega hasta nuestro vehículo y lo miro a través de la ventana. Es un hombre blanco, quizás a inicios de sus treinta, con un impecable uniforme verde y una gorra verde, una pistola, un walkie-talkie y el equipo sujeto a su cuerpo. El peso de su pistola y el volumen de su equipo amplifican su presencia.

—¿Todos son ciudadanos de Estados Unidos? —pregunta, con los ojos ocultos tras los lentes de sol.

* El TLCAN (NAFTA en inglés) devastó a los agricultores mexicanos y enriqueció a las corporaciones estadounidenses, lo que llevó a un incremento en la migración. Las barreras fronterizas que se colocaron durante la administración de Clinton fueron resultado directo de tales consecuencias.

—Sí, sí —dicen mis tres acompañantes. Mi propia garganta se siente tensa, las palabras atrapadas en algún punto entre el miedo y la indignación. Yo solo pude asentir cuando me falló la voz.

El agente le pide al pastor Randy que salga del auto y le quita las llaves. Ese acto, por insignificante que parezca, cambia de inmediato la dinámica del poder. Un recordatorio de que estamos todos a su merced, bajo sus propias reglas, a pesar de nuestra condición de ciudadanos. Yo observo al pastor Randy obedecer, su postura respetuosa, quizás por experiencia, quizás por precaución.

—¿Y todos dicen ser ciudadanos de Estados Unidos? —cuestiona de nuevo el agente, su pregunta flotando en el aire como un reto. *¿Para qué necesita interrogarnos de nuevo? ¿Por qué nuestra palabra no es suficiente?*

—Sí, sí.

—Por supuesto.

—¿No? —dice el agente.

—¡Sí! —es nuestra respuesta colectiva. Esta vez uno mi voz a la de mis compañeros, un frente unido contra una acusación manifiesta.

—¿Por qué nos detiene? —exige David Damian.

—Inspección vehicular —dice el agente. Le indica al pastor Randy que abra la cajuela de la SUV para que pueda registrar nuestras pertenencias. Una vez que lo hace, azota la cajuela y, lo que sea que le esté preguntando al pastor Randy, ya no lo alcanzo a oír.

Las políticas fronterizas han cambiado a lo largo de varias administraciones.* Después de las iniciativas de Clinton en los años noven-

* Aun cuando los terroristas del 9/11 habían entrado legalmente a través de la frontera con Canadá, con visas, todos los ojos se pusieron en la frontera entre México y Estados Unidos. En un informe de 2017, el Departamento de Estado dijo que "no había evidencia creíble de que grupos terroristas enviaran operativos vía México hacia Estados Unidos".

ta, recuerdo cómo, luego de la tragedia del 9/11 y el miedo incitado, George W. Bush firmó la Ley del Cerco Seguro de 2006 y retomó la construcción del muro donde Clinton la había dejado. Fue un tiempo de paranoia intensa, y de pronto, el desierto se fortificó todavía más, transformando el lugar que visitaba ahora en algo que se sentía más como una zona de guerra que como un lugar de belleza natural.

Luego vino Obama y añadió otras 128 millas a la pared, a pesar de decir durante su campaña: "Debemos trabajar con las comunidades locales para lidiar con la frontera de forma inteligente. No podemos hacerlo construyendo una pared alrededor de la frontera. Eso no va a funcionar".

Cuando la primera administración de Trump se apuró a construir su "hermoso y gran" muro de treinta pies antes de salir de la presidencia, los equipos de demolición despedazaron cementerios sagrados de la nación Tohono O'odham.* Derribaron cactus saguaros, algunos de más de cien años, para abrir paso para el muro, que costó 41 millones de dólares por milla en esa zona. Las cuadrillas usaron dinamita para romper la piedra, abriendo boquetes en las montañas para crear carreteras serpenteantes. Los majestuosos saguaros cayeron uno a uno, como mártires de cara a la muerte en una zona de guerra, sacrificados en el altar de la seguridad de una frontera.

* La nación Tohono O'odham siempre ha estado ahí, mucho antes que la frontera que ahora surca sus tierras ancestrales. Estuvieron aquí antes que los españoles, antes que México y antes que la venta de La Mesilla en 1854 partiera su nación a la mitad. Hoy en día, esa línea es una herida de 62 millas que atraviesa su hogar. Las bardas con alambre de púas dieron paso a barreras de vehículos, obligando a la nación a una pelea constante contra una pared de 30 pies. En el Día de los Pueblos Indígenas de 2020, a los miembros de la tribu que protestaban por la destrucción de sus cementerios sagrados se les recibió con gas lacrimógeno y balas de goma. Su protesta no solo es sobre la profanación de tumbas, sino sobre el costo medioambiental del muro. Están extrayendo un preciado acuífero del desierto para preparar la mezcla de concreto, convirtiendo el agua en una pared que solo significa la muerte.

"Una historia de inhumanidad y prejuicio dio a luz a la frontera y su muro", escribe Héctor Tobar en *Nuestras almas migrantes*, "y podemos sentir las heridas que nos ha infligido. Es una barrera que empezó como una línea literalmente dibujada en la arena por hombres con telescopios, tratando de decidir dónde exactamente debería empezar".[2] Parada ahí unos meses antes, en marzo de 2024, vi el brutal legado de esa arbitraria decisión. A pesar de la promesa de Joe Biden de que "no se construirá otro pie de pared en mi administración", yo vi con mis propios ojos cómo las cuadrillas de construcción rompían esa promesa, añadiendo más millas al muro, incluyendo cerrar los huecos que permitían a la vida silvestre y al ganado pasar del otro lado, cortando las rutas migratorias de más de cien especies.

Es la "historia de inhumanidad" de la que habla Tobar hecha realidad con concreto y acero. Estar frente a ella es comprender que no se trata meramente de un asunto político; es una herida en nuestra historia que no deja de sangrar.

Cuando termina de interrogar al pastor Randy, el agente le dice a nuestro director, David Damian, que se baje de la camioneta.

—¿Qué me quiere decir? —pregunta David Damian.

—Estás cruzando la frontera —dice el agente—. ¿Tienes identificación? Tengo que comprobar la ciudadanía de todos, ¿okey? —dice, luego se lo lleva hacia la parte de atrás.

Desde el interior de la SUV no puedo oír lo que el oficial le está preguntando, pero a través del espejo retrovisor lo veo cachear a David Damian y meterlo en la patrulla. Luego viene por mí.

—Muy bien, ahora tengo que hablar contigo. ¿Está bien?

Salgo de la camioneta y lo sigo hasta su vehículo. Le entrego mi pasaporte. Lo tiene en la mano mientras me pregunta varias veces:

—¿Eres ciudadana estadounidense?

Sí. Sí. Sí.

Y, sin embargo, pregunta de nuevo:

—¿Dices ser ciudadana estadounidense?

Hombre, pero si tienes mi pasaporte en la mano, quiero decir, pero no lo hago porque para este momento me empieza a dar miedo y coraje y luego más miedo. Aun cuando cambié mi *green card* —o sea, credencial de extranjero residente— por un pasaporte de Estados Unidos veintidós años atrás, después de volverme ciudadana naturalizada cuando nació mi hijo, nunca he podido deshacerme de mi identidad de "inmigrante". Daba igual que tuviera un pasaporte estadounidense. Había cosas que no cambiaban: la manera en que me veían los otros, los interrogatorios sutiles, y esa necesidad constante de probar quién soy. Sé que si mi piel fuera tan clara como la del agente de la Patrulla Fronteriza me hubiera creído la primera vez que le dije que era ciudadana estadounidense. Ya nos hubiéramos ido hace mucho. Pero así de torcido y de verdaderamente equivocado es este país: yo, con 72.8 por ciento de ADN nativo americano, tengo que pararme aquí a demostrarle a un tipo blanco, que probablemente tiene cero sangre nativo-americana, que no soy "extranjera", sino una ciudadana en todo mi derecho en estas mismas tierras.

El agente de la Patrulla Fronteriza menciona que las cámaras de vigilancia captaron a dos migrantes con bolsas blancas cruzar la frontera y subirse a nuestro vehículo. David Damian y yo estábamos bajo sospecha de haber cruzado la frontera de manera ilegal. Le digo al agente que no transportamos migrantes, que las únicas bolsas blancas en el vehículo están llenas del almohadas y cobijas que trajimos con nosotros porque tuvimos que pasar la noche aquí, en una casita que le rentamos a un ranchero local. Le digo que las revise, pero él ya inspeccionó el vehículo y sabe que digo la verdad.

Admito que crucé las barreras para vehículos al final del muro hacia el "lado mexicano" porque quería recoger la basura que habían dejado y el pastor Randy me dijo que volviera, que no debería estar del otro lado. No le digo al agente que sentí mi deber limpiar para que gente como él no tuviera más argumentos con qué atacar a los migrantes y a quienes buscan asilo. Sí, dejan toda clase de cosas tras de sí, aquí, en este hermoso desierto: ropa abandonada, zapatos, cobijas, latas de salchichas Viena, envolturas de barritas, incontables botellas de plástico, mochilas, hasta un tapete para orar. En una visita anterior, encontré un paquetito de salsa Tapatío en el suelo. Me hizo sonreír porque yo siempre cargo la mía, hasta al cine, para rociar con ella mis palomitas. Me pregunté sobre el migrante que la llevaba, disfrutando un poco de salsa picante en su peligroso viaje, un recordatorio de que, incluso en circunstancias desesperadas, nos aferramos a nuestras tradiciones.

—¿Qué tan lejos llegaste? —pregunta.

—Unos cuantos pasos —digo.

—¿Cuántos?

—No sé. Unos cuantos. De aquí a allá.

Bajo el sol abrasador del desierto, el agente de la Patrulla Fronteriza me conduce hasta su vehículo, me ordena que me palpe la ropa y luego me sube al asiento trasero con David Damian. Dice que necesita revisar nuestros antecedentes y nos encierra, con las ventanas enrejadas, cerradas al tope y sin ventilación.

La última vez que estuve en un vehículo de la Patrulla Fronteriza tenía nueve años. Nuestros tres intentos de cruzar la frontera me dejaron heridas emocionales y, hasta el día de hoy, con culpa por haber sobrevivido. Pienso seguido en los niños que no sobrevivieron, que nunca lograron llegar del otro lado.

Reyna y David Damian Figueroa en el vehículo de la Patrulla Fronteriza

El libro de Margaret Regan, *The Death of Josseline*, cuenta la historia real de una niña de catorce años de El Salvador, cuya madre, al igual que la mía, se había ido a Los Ángeles a trabajar. Después de años de ahorrar, la madre de Josseline por fin le paga a un coyote para que lleve a sus dos hijos al norte. Pero el viaje fue brutal. Josseline se enfermó en este mismo desierto, y el coyote la abandonó. Ella le dijo a su hermano de diez años que siguiera adelante: "Tú tienes que seguir a donde está Mamá".[3]

Josseline murió ahí sola. Los saguaros, los mesquites, los ocotillos mirándola dar su último suspiro.

Su historia es un recordatorio constante de que mi propio viaje pudo haber terminado en una tragedia. Con frecuencia pienso en lo cerca que estuve de no tener la vida que tengo ahora. Si mi familia hubiera cruzado la frontera hoy, en lugar de en 1985, nos podrían haber separado. Hubiera culpado a mi padre y yo hubiera sido una entre miles de niños encerrados en una jaula. O peor, pude haber muerto durante el cruce, que es mucho más peligroso ahora por el muro fronterizo. Cada vez que escucho noticias sobre un niño migrante encontrado muerto en el desierto, el río o el mar, pienso, *Esa pude haber sido yo*. No pasa un día en que no reconozca que mi destino pudo haber sido drásticamente distinto de la "historia de éxito indocumentado" que cuento en mis memorias.

En el interior de la camioneta, David Damian y yo tenemos claro que nuestro crimen, la razón por la que estamos en problemas, es porque tenemos la piel morena. Si fuéramos blancos, ninguno de los dos estaría atrapado en el interior de lo que los migrantes llaman "la perrera". Miro por la ventana, trato de escuchar la conversación que tiene el agente por su walkie-talkie. Lo escucho decir nuestros nombres y dar los detalles de nuestros pasaportes, pero no alcanzo a entender lo que la gente del otro lado de la línea le dice de nosotros.

—No hicimos nada malo —dice David Damian.

Desafortunadamente, tampoco el agente de la Patrulla Fronteriza. En 2014, la administración de Obama dio permiso explícito a las agencias federales de migración, incluyendo el Departamento de Seguridad Nacional, del que es parte la Patrulla Fronteriza, de discriminar por raza en un radio de 100 millas de la frontera. Tales lineamientos siguen siendo efectivos, aun cuando sean una violación de la Ley de Derechos Civiles. La región fronteriza es hogar de múltiples personas de color incluyendo pueblos indígenas, descendientes de los habitantes originales de la zona. De hecho, se me ocurre que este año marca el aniversario número cien de la Patrulla Fronteriza aterrorizando cuerpos negros y morenos en la frontera, en esta "herida abierta de 1,950 millas de largo".[4]

Al oeste de nosotros queda el Pico Baboquivari, localizado en la reserva Tohono O'odham.* Aunque es un día soleado, anoche, al contemplar el majestuoso domo de granito a la distancia, podía ver

* Para los Tohono O'odham, el Pico Baboquivari no es tan solo una montaña. Es su lugar más sagrado. La leyenda dice que su Creador, I'itoi, habita una cueva en el interior de la montaña. Ellos creen que el Baboquivari es el "ombligo del mundo", el lugar de donde surge la humanidad.

las lluvias monzónicas y relámpagos encima de él. El Pico Baboquivari está rodeado de vegetación mortal para los migrantes. Es un lugar popular para recoger migrantes; los coyotes los dirigen hacia la montaña una vez que cruzan el muro para encontrarse con los vehículos convenidos. Quienes tienen la suerte de llegar a las faldas de la montaña para alcanzar su transporte son llevados a Phoenix o a otra parte para continuar hasta su destino final. Es una caminata difícil y larga a través de un terreno hostil. La falta de señal telefónica impide que los migrantes pidan ayuda si se pierden o se lesionan. Encontrar agua también es imposible. Es desafortunado que los Tohono O'odham no permitan a los grupos de ayuda humanitaria colocar estaciones de agua a lo largo de los senderos. Caminar por los Montes Baboquivari sin agua puede ser una sentencia de muerte, en especial en los veranos, que cada vez son más calurosos al sur de Arizona. Año con año, la mitad de las muertes de migrantes en Arizona ocurren en las tierras tribales de los Tohono O'odham.

Un galón de agua pesa alrededor de ocho libras. Con el calor del desierto, uno necesita por lo menos un galón al día, si no es que dos, para sobrevivir, pero los migrantes a menudo tienen apenas la fuerza suficiente para cargarse a sí mismos, ya no digamos botes de agua. Casi la mitad de las muertes en el desierto se vinculan al calor. Una vez que el agua se acaba y la desesperación los embarga, los migrantes llenan botes con su propia orina.

El sol del desierto, un cazador inmisericorde, los persigue a lo largo de esa arena inclemente. Cocina la tierra a treinta grados por encima de la temperatura del aire, convirtiendo el sendero de los migrantes en un laberinto iridiscente. Desorientados, se tambalean paso a paso, esa preciada agua evaporándose de su cuerpo. Cada paso se convierte en una batalla contra el sol que amenaza con robarse sus sueños. De acuerdo con la Patrulla Fronteriza, desde la década de 1990, 10 mil personas han muerto intentando cruzar la frontera, pero los grupos de derechos de migrantes creen que podrían ser más de 80 mil. Humane Borders, un grupo humanitario aquí en Arizona, ha estado registrando las muertes de migrantes y mantiene un registro. La mayoría son morenos, negros e indígenas. Incluyendo niños.

Pienso en otra pequeñita que no sobrevivió. Hace cinco años. Gurupreet Kaur, una niña de seis años, de la India, murió en este desierto por un golpe de calor mientras su madre estaba ahí afuera, buscando agua que llevarle. Su pequeño cuerpo, símbolo ardiente de la naturaleza brutal de las políticas fronterizas, se unió al de innumerables otros a quienes se les negó un futuro.

—Muy bien, ya se pueden bajar —dice el agente de la Patrulla Fronteriza abriendo la puerta. De pronto ya actúa amigable. Nunca sabré qué le dijeron de nosotros quienes realizaron la investigación de nuestros antecedentes. Nos devuelve nuestros pasaportes, nos pregunta si queremos agua y nos escolta a David Damian y a mí de vuelta a nuestro vehículo. El helicóptero que daba vueltas sobre nosotros pasa una última vez y se aleja.

En la camioneta, todos estamos demasiado afectados como para decir gran cosa de lo que acaba de pasar. Pero todos suspiramos de alivio.

Seguimos nuestro camino y hacemos una parada en Arivaca, un viejo pueblo ranchero con una población de menos de seiscientas personas, para comer y procesar lo que acabamos de vivir. Un tanque de agua azul brillante me llama la atención. Instalado por Humane Borders, se encuentra accesible junto al camino por si los migrantes lo necesitaran. Una bandera azul ondea sobre el tanque, clara señal de su propósito. La palabra *AGUA*, claramente visible en letras blancas junto al grifo. Pienso en Josseline. Pienso en Gurupreet. De pronto tengo muchísima sed.

Del otro lado de la calle vemos un pequeño restaurante con un letrero en la puerta. Al entrar, leo lo que dice:

INDESEABLES
Miembros de cualquier
grupo parapolicial o milicia fronteriza,
incluyendo, pero no limitado a, la Patrulla de Reconocimiento AZ
no entren a nuestro establecimiento.

Que un letrero así se muestre tan visiblemente en este pueblito polvoriento, donde el cien por ciento de su población son ciudadanos estadounidenses, más de 90 por ciento de ellos blancos, es un verdadero acto de valor. Los grupos parapoliciales y las milicias rondan el área bien armados con sus metralletas y su odio. Hace que uno recuerde la cantidad de tragedias que Arivaca ha presenciado. En 2009, tres miembros de un grupo así entraron a la fuerza a una casa del pueblo y mataron a un padre mexicoamericano y a su hija de nueve años. La madre sobrevivió porque fingió estar muerta.

En 2004, cuando la hermana de mi esposo se graduó de la Universidad Wagner, en Nueva York, fui con él a su graduación. El orador fue Donald Trump. Eso fue trece años antes de convertirse en presidente de Estados Unidos, y en aquel entonces, yo no sabía realmente quién era, pero todos a mi alrededor parecían impresionados. Ahí sentada en el público, lo escuché dar su discurso inspirador.

"Nunca, jamás se rindan. No se rindan. No lo permitan. Si hay una pared de concreto frente a ustedes, atraviésenla, brínquenla, denle la vuelta, pero lleguen al otro lado de esa pared", dijo.[5]

Nosotros —los inmigrantes y la gente de color— acataremos su mandato.

Seguiremos atravesándola.
Brincándola.
Dándole la vuelta.

Y. No. Nos. Daremos. Por. Vencidos.

Los rostros de la gente en el campamento, la inmensidad del desierto que guarda tantas historias en silencio, el miedo de nuestros corazones al ser interrogados, todo eso nos impulsa a seguir. Seguiremos cruzando muros, tanto físicos como imaginarios, porque las historias de esta frontera tienen que verse y escucharse. El desierto, con toda su belleza y su dolor, se nos quedó grabado en la piel. El mandato es claro: seguir siendo testigos, seguir contando lo que vimos.

La hija de la escritora

*Juntas escribimos historias de cosas que pasaron
y no debieron pasar, o pudieron haber sido
o podrían ser todavía.*

—Amy Tan[1]

Eva, la autora en ciernes

Mi hija se sienta en el escritorio de mi oficina, enfocada en su cuaderno, aferrada a su lápiz. Su arañazo es el sonido de un cuento al nacer. Levanta la vista y dice, en un tono muy serio:

—Mami, cuando termine mi cuento, ¿lo podrías compartir con tu agente?

Intento no reír, pero se me escapa una sonrisa.

—Seguro que sí, Evita —le prometo.

Tranquila y satisfecha, vuelve a su redacción. Tiene ocho años.

Eva ha vivido rodeada de historias desde antes de nacer. Es un regalo que yo nunca tuve, pero que estaba decidida a darle. Mi juventud fue muy solitaria. Contaba historias en un hogar donde nadie lo hacía, buscando desesperadamente conectar con mi familia y mis ancestros. Pero en mi hogar, el único lenguaje era el silencio.

¿Venía ese silencio del trauma o de lo difícil que fue vivir en la pobreza y migrar? ¿O será que mis antepasados estaban tan cansados de trabajar y consumidos por su lucha por sobrevivir, que no les quedaban fuerzas para nada más? Cuando preguntaba por el pasado, solo recibía encogimientos de hombros. Mi abuelo materno no sabía leer y mis padres apenas fueron a la primaria. Nunca tuvieron la oportunidad de amar los libros. Me pregunto qué habrían escrito ellos si hubieran podido. A veces todavía no sé de dónde salió ese amor por las historias.

Como crecí en una casa sin libros, tuve que inventar mi propio camino como escritora. Siempre tuve un deseo de llenar los vacíos, de entender las fuerzas que nos moldearon a mi familia y a mí. Escribir se convirtió en mi camino. Si no había historias disponibles, las inventaba. Tal vez por eso me interesan los personajes que buscan su lugar en el mundo, luchando por tener una identidad propia y pertenecer. Escribo lo que yo misma desearía escuchar; en el papel construyo un hogar, un lugar estable que muchas veces me faltó entre tantos cambios y pérdidas.

A diferencia de mi casa cuando era niña, el mundo de Eva siempre ha estado lleno de historias. Empezó a hablar muy pronto, con oraciones completas, y a los tres años ya contaba cuentos muy entretenidos, sorprendiéndonos con su vocabulario y su imaginación. Para esa edad, ya se había acostumbrado a viajar conmigo a las presentaciones de mis libros, absorbiendo el ritmo de la vida literaria. Un día, después de verme escribir y presentar mis historias, tomó un lápiz y empezó a escribir una propia.

Me encantó que mi hija decidiera ser escritora. Al verla tan tranquila, perdida en su propio mundo de palabras —de hadas y mariposas que hablan—,* supe que estaba empezando una historia nueva. Hoy, a los diecisiete años, sigue escribiendo y ya tiene una novela de setenta mil palabras en camino.

En mi propio hogar ha nacido otra escritora, y lo mejor de todo es que ella no tiene miedo de hablar.

Criar a dos niños de clase media en California, nacidos aquí, ha sido un reto. Sobre todo, quería conectar con ellos de una manera que nunca logré con mis padres. Contar historias se volvió nuestro puente, y me permitió crear una relación abierta y honesta con ellos, y darles una herencia creativa.

A diferencia de mis padres, yo sí les cuento a mis hijos mi pasado, tanto en mis libros como en nuestras pláticas. No quiero que el silencio y los secretos definan nuestro hogar, ni que mis hijos tengan que andar de puntitas alrededor de mi dolor callado. Sé que pude haberles pasado algo de mi trauma sin querer, pero espero haberles dado algo más: el valor de decir su propia verdad.

Mis padres nunca se interesaron por lo que me apasionaba, pero mi esposo y yo hemos nutrido el talento de nuestra hija. Ella no es una artista sola gritando al vacío. Es una escritora que perfila sus ideas con quienes la aman. Escuchamos con atención sus cuentos fantásticos, le preguntamos por sus personajes y hasta le damos ideas para sus tramas. Nos muestra dibujos de los reinos donde viven sus personajes y la ropa que usan. En un Halloween, se vistió

* Cuando tenía once años escribió un musical sobre una mariposa llamada Buttercup, que nació con un ala deforme y no podía volar, y lo representó como regalo del Día de las Madres para mí y para su abuela paterna.

como su "novela", así que pasamos días haciéndole un vestido que era mitad luna, mitad sol, para representar los poderes mágicos de hielo y fuego de su personaje.

Sus ojos se encienden con determinación cuando habla de su labor como escritora. Segura de su lugar en el mundo, ella no pregunta *si* publicarán sus historias, sino *cómo* y *cuándo*. Un marcado contraste con mis sueños de juventud, llenos de *quizás*. A su edad, ella tiene lo que me faltó a mí: gente que la guíe, en quien confiar, y una comunidad que empieza en su propio hogar.

De camino a casa, después de recogerla de la escuela, nuestro carro se vuelve un espacio para historias. Al pasar campos de milpa y girasoles, la voz de mi hija, llena de vida y pasión, inunda todo el carro.

—Esa lectura que nos dejaron en literatura… ¡es un relajo!

Y así como así, nos convertimos en un grupo de críticos itinerantes.

—El libro necesitaba muchas más revisiones —declara sobre *Fahrenheit 451*—. El ritmo está muy mal. Y ese es solo uno de sus problemas. —En cuanto a *El señor de las moscas*, dice—: El autor está mal con eso de que la humanidad es mala por naturaleza. Esos niños estaban traumatizados por la guerra… —Comentando *El guardián entre el centeno*, afirma—: ¡No tiene trama! Solo meditaciones al aire de un adolescente cualquiera. —Como ávida lectora de cuentos de hadas, también defiende la Reina de las Nieves en el cuento de Hans Christian Andersen—: ¿Por qué la gente la trata como una villana? Es un personaje moralmente gris.

Eva ha crecido viendo de cerca el mundo editorial. Conoce bien las alegrías, las dificultades y la presión de entregar los manuscritos en las fechas límite. Me ha escuchado ensayar mis discursos y muchas veces ha sido mi compañera de viaje en esos vuelos largos para ir a mis eventos. Al igual que su hermano, también ha soportado días, y en ocasiones semanas, cuando me voy de gira. Cuando Eva y Nathan crecieron, traté de articular la paradoja de mi vida: amo mi trabajo —viajar, conectar con mis lectores, la validación de saber que mis historias están haciendo una diferencia—; aun así, esa alegría siempre queda manchada de una profunda culpa por estar lejos.

Mi pasado lo agrava. Todavía tengo el dolor de haber sido la niña que mi madre abandonó en México. Ahora, yo soy la madre que se va, aunque por razones diferentes. Así que, siempre que mi hija me mira, maleta en mano, y pregunta "¿Cuánto tiempo te vas a ir?", escucho mi propia voz preguntándole a mi madre lo mismo. Los años colapsan. Me estoy convirtiendo en la persona que juré no ser jamás. Cada partida reabre una herida. A pesar de eso, mis hijos saben que es un sacrificio que hago por ellos. Y ellos a su vez hacen un sacrificio por mí.

El hecho de que los dos me den espacio para escribir y me aseguren que no se sienten abandonados cuando no estoy, acalla las voces en mi cabeza. Me permite ser madre y escritora a la vez, sin tener que elegir entre una y otra.

Mi vida le ha enseñado a Eva que ser escritora no es solo cuestión de inspiración; es sudor, dedicación y resiliencia. Sabe que escribir un libro es solo la mitad del trabajo. La otra mitad involucra el reto de encontrar quien lo lea y buscarle un lugar en el mundo, es decir, promover, promover, promover. Cuando se publicó mi primera novela en 2006, me prometí a mí misma que mi obra pagaría las cuentas. Gracias a mi trabajo, pura voluntad y suerte, me convertí en escritora a tiempo completo. Pero cuando tu sustento depende de tu arte, hay mucho en juego y eso crea un estrés constante y aplastante por la presión de que el dinero nunca deje de entrar.

Verme trajinar, ver mi esfuerzo por ganarme la vida con la pluma, liberó a Eva de la presión de crear una "carrera" como escritora, sin alejarse de su vocación artística.

—No me importa tener un trabajo a tiempo completo para que mi sustento no dependa de lo que escriba —dice—, así me puedo enfocar en la parte bonita.

Mi éxito es su base: ella tiene el respaldo económico para dedicarse de lleno a su vocación. Su decisión no es un rechazo de lo que yo hice: es un poderoso acto de amor propio. Ella sabe que tener una vida estable y equilibrada ayuda a la creatividad en lugar de frenarla.

Saber que ella no tendrá mi ansiedad económica es un enorme alivio para mí. Verla priorizar la alegría me obliga a enfrentar una duda: ¿Acaso en mi lucha por la supervivencia literaria perdí de vista el amor puro por el arte? Ella me enseña que la verdadera recompensa es la creación misma. El acto de escribir. Al final, lo que más quiero heredarle es eso: que use su voz con libertad y que escriba simplemente porque ama hacerlo.

Eva no solo aprende de mí. Su padre, Cory, que le leyó en voz alta todas las noches hasta que entró a la secundaria, le dio el regalo de la interpretación. Cada vez que ella tiene una exposición oral en la escuela, él la ayuda a prepararse. Le enseña los secretos de la actuación, y le pasa todo lo que aprendió en su maestría en Teatro. Un día de invierno, convencí a Eva de leerme la primera escena de su novela, que empieza con un bautizo y un hada madrina otorgándole dones no deseados, muy parecido al cuento clásico de *La bella durmiente*. Empezó renuente con voz queda, pero al continuar, su voz cobró fuerza, convirtiendo la lectura en una obra de teatro, así como su padre le había enseñado. Esa escena creció hasta convertirse en tres capítulos porque lo disfrutó tanto como yo. No eran solo las palabras. Las inflexiones sutiles, las pausas crearon suspenso. Una callada alegría me llenó, una sensación honda de heridas cerrándose.

La idea de su historia —sobre dones que no quieres pero que resultan ser poderosos— me impactó. Pensé en los "regalos" que yo misma no quería de mi propio pasado: esa soledad sofocante que me obligó a inventar mundos y el aislamiento que me hizo buscar conexión a través de las palabras. Me preguntaba si esas penurias eran en realidad dones de mi propia hada madrina, convirtiendo una maldición en la fortaleza creativa que ahora veo en Eva. No solo vive la vida creativa que yo quería, me permite ser testigo de ella, sentir su calidez y saber que todos esos silencios, todos esos años de anhelos, no fueron en vano. Tuvieron un propósito, sin importar cuán dolorosos fueron.

Cuando está lista, Eva me pide mi opinión y me entrega su manuscrito. Es un regalo que valoro mucho. A veces, de la emoción, se me olvida que está en la preparatoria, que no es una alumna de maestría en Escritura, y mis notas son tantas que la abruman. Intentaba enseñarle, quizás demasiado pronto, que una buena historia nace al reescribir, en ese trabajo de pulir y reformar una y otra vez.

Un día, escucho que le cuenta a Cory de un nuevo capítulo que escribió. Su rostro iluminado.

—Te lo mando —le dice a su papá.

—¿Y a mí? —pregunto.

—A *ti* no —bromea—. No estoy lista para que lo destroces. Déjame disfrutar que escribí otro capítulo.

La palabra *destroces* me arde un poco, sin embargo, también me hace sonreír. Está construyendo sus límites, protegiendo su chispa creativa, su voz. Ella no es como yo, no vive en esa búsqueda constante de una perfección que nunca llega. Ella es su propia artista y forja su propio camino. Su deseo de proteger su trabajo de mi "destrozo" me enseñó una lección. Me di cuenta de que, en mis ansias por ser perfecta, fui muy rápida para criticar, muy rápida para señalar errores. Olvidé que el espacio más sagrado para un escritor es el momento frágil de la inspiración. Mi trabajo no era corregir de inmediato, sino primero honrar su valor creativo. Ser testigo.

Ser la primera en leer a Eva y ser su mentora me devolvió la verdadera razón por la que amo contar historias: esa necesidad básica de crear. Su perspectiva fresca me recuerda la sencilla y pura emoción que sentí mucho antes de siquiera pensar en una carrera, en fechas de entrega o en el peso de lo que los demás esperan de mí. Es un balance delicado, aprender cuándo empujarla y cuándo solo verla crecer, dejando que encuentre su propio camino. Mi viaje ha sido uno de búsqueda constante —empujada por el trauma de la pobreza y por un hambre desesperada de salir adelante—, pero Eva me ha enseñado la belleza de la paciencia, me ha enseñado a dejar que una historia respire antes de criticarla, antes de juzgarla.

Semanas más tarde, cuando por fin se siente lista para mi opinión editorial, me manda sus capítulos y dice:

—Adelante. Puedes decirme todo lo que quieras.

Sé que valora lo que pienso, porque siempre que la animo a que estudie una maestría en Escritura, me dice muy segura de sí misma:

—No la necesito. Te tengo a *ti*.

Así como mis mentores me guiaron a mí, me presentaron a escritores que habían vivido lo mismo que yo, demostrándome que mi sueño era posible, yo espero ser esa misma guía para ella. Que entienda que escribir es una herramienta para procesar la vida, conectar con otros, y encontrar fuerza es mi deseo para ella. Me hace feliz poder ahorrarle los años de angustia que me tomó a mí encontrar mi camino. Ya quiero estar en las presentaciones de sus libros y tener sus obras en mis manos.

Un día, en febrero de 2024, recibí un correo de un programa local llamado *Stories on Stage* que me pedía aparecer como autora invitada. El correo continúa:

> Me enteré de que tu hija, Eva, también es escritora.
> ¿Le interesaría presentar parte de su obra con la idea de crear una "noche de madre e hija"?

Cuando le digo a Eva, no está emocionada. Está horrorizada.

—Estaremos ahí contigo —le aseguro.

Y así fue.

Meses después, desde el público, su hermano, su padre y yo la vimos subir al escenario para su primer evento literario. Un silencio expectante recorre el salón.

—Hola. Gracias a todos por venir —dice con una sonrisa tímida. Está calmada, pero puedo ver que le tiemblan ligeramente las manos—. Entonces, el libro del que van a escuchar esta noche es uno en el que he estado trabajando los últimos cuatro años… Ha pasado mucho tiempo y ya estoy cerca de terminarlo. Voy en el capítulo treinta y cinco de cuarenta y dos. —El público ríe. Algunos aplauden para animarla—. Espero que lo disfruten.

En ese momento, al verla frente al micrófono, segura y poderosa, no solo veo a una escritora, sino veo un legado que se despliega ante mis ojos: una historia que completa su ciclo. No es que Eva esté cumpliendo mis sueños más rápido que yo, ni que su camino sea más fácil por no cargar lo que yo soporté. Se trata de que ella está reclamando un espacio donde las historias que alguna vez fueron silenciadas, por fin puedan florecer. Al contarlas, sana lo que estaba roto y crea una nueva forma de conectarnos. Su historia, la historia de la hija de una escritora, es la prueba de cómo una herencia de palabras puede sanar una herencia de heridas.

Coda

La escritora

Eva Rayala

Eva, la hija de la escritora

Mi madre me entrega un montón de papel. Los ensayos de su próxima colección, una cuasi secuela de sus otras dos memorias. No ha parado de hablar de ellos en los últimos meses.

—Señalé los ensayos que son sobre ti —dice—. Dime si hay algo que no quieras que publique. Si tienes tiempo de leerlos todos, me encantaría saber tu opinión.

Me desvelo esa noche leyendo ensayo tras ensayo. Me cautivan. En esas palabras encuentro la versión más auténtica de mi madre, la escritora. Sus esperanzas, sus miedos, sus remordimientos.

Conozco la historia de mi madre. Una migrante de primera generación que cruzó la frontera a los nueve años. Una estudiante universitaria de primera generación que tuvo que superar la desaprobación de su familia para alcanzar el éxito. Su historia esculpió a la mujer perfeccionista, decidida, imparable y ambiciosa que conozco.

Lo que no sabía era lo desconectada que se sentía de su propia madre. No sabía cuánto racismo y prejuicio enfrentó y enfrenta al día de hoy. No sabía que se sentía un fracaso.

Del pesado montón de papeles, cuatro ensayos son sobre mí. Me da tanto miedo leerlos. Mi madre y yo nos queremos muchísimo, pero ha habido momentos difíciles en nuestra relación. Ella es un alma sensible, mientras que yo salí a mi padre: palabras directas y verdades duras.

Me quedo mirando el título de uno de los ensayos. *La hija de la escritora*. ¿Puedo hacerlo? ¿Tengo fuerza suficiente? Respiro profundo y empiezo.

Al leer las páginas me doy cuenta de la verdad. Mi madre no escribió sobre nuestras peleas. No escribió sobre el dolor que le he provocado. No escribió sobre el hecho de que nunca he sido una hija perfecta.

Escribió sobre su conexión conmigo a través de lo que escribo. Que espera con ansia nuestras conversaciones sobre narrativa y valora mi visión. Que la alegra darme una herencia de palabras… una que ella no tuvo. Que muere de ganas de que yo publique mis propias obras. Escribió sobre lo mucho que me ama.

Leer sus ensayos me recordó una verdad que olvidé hace mucho tiempo. Ella fue una niña a la que le dijeron que nunca lograría nada y acabó demostrando que todos estaban equivocados. Su historia es dolorosa y dura, dejando cicatrices que todavía puedo ver.

Recordaré ser amable. Buscar comprensión. Perdonar a mi madre por sus errores, reconociendo que todo fue un intento por darme la niñez que ella nunca tuvo.

Haré mi mejor esfuerzo por comerme mis palabras cuando sean duras. Ofrecerle en cambio gentileza. Gratitud por lo que me ha dado.

Le recordaré la verdad más importante de todas.

Que la amo.

Almanaque de una jardinera menopáusica

Soy una mujer en una temporada encantadora.

—Sandra Cisneros[1]

Edición #1: No todo es estupendo

Tengo un árbol de durazno en mi jardín. En noviembre, cuando los días se acortan y el aire refresca, suelta sus hojas y se prepara para el invierno, un periodo de ensoñación, cuando debe conservar su energía y prepararse para lo que vendrá. Luego llega la primavera, y como yo, desde el momento que despierta, se pone a trabajar.

Delicados pétalos rosas brotan de sus botones, marcando el final del invierno. Las flores, fugaces y hermosas, dejan una alfombra rosa en el suelo y dejan camino para las nuevas hojas en la primavera. Y luego aparecen los duraznos bebé, chiquitos y llenos de promesa. Los veo con una mezcla de anticipación y el deseo de protegerlos.

Aprendí a ser jardinera por instinto y necesidad. Muy parecido a mi narrativa, lo que sé sobre jardinería es más que nada a partir de prueba y error. Y me he equivocado bastante. Con mi durazno, mi error ha sido la avaricia.

Conforme crecen los duraznos bebé, me fascina la abundancia del árbol, el potencial de toda esa fruta. Sé que hay que despejar el fruto cuando no son más grandes que la uña de un dedo, pero desechar fruta se siente como un desperdicio. Así que traiciono al árbol y dejo a los peluditos bebés verdes acunados en sus ramas. Sueño con pays, salsas y mermelada. Preparo mi parrilla y compro un deshidratador.

Para junio, cuando los duraznos se tornan rechonchos, las ramas comienzan a doblarse y quebrarse por el peso. La fruta es más pequeña de lo que debería ser, los duraznos amontonados, compitiendo por el espacio y los nutrientes. Cargado de fruta, el árbol se cuelga, vulnerable ante su propio exceso, recordándome que la maternidad necesita límites para no convertirse en una carga. Las ramas apenas soportan la magnitud de su abundancia, por lo que se ve hermoso y completamente exhausto. Yo reconozco el semblantc.

Reyna con sus duraznos

Cuando tenía veintiséis, tuve un bebé con un hombre catorce años mayor que yo. Gasté tres mil dólares en un juicio para que me diera pensión alimenticia. Al final, cargué con el sustento de mi hijo y el mío, asumiendo por completo la responsabilidad de su bienestar.

Una credencial de maestra de emergencia me permitió trabajar en una secundaria enseñando inglés. La escasez de maestros me dio esta oportunidad, la cual agradecí. Estudiar narrativa en la universidad no me había preparado para un "empleo de verdad", y ahora tenía que mantener a un bebé. Enseñaba durante el día y tomaba clases en la noche para poder obtener credenciales más permanentes como maestra.

Aparte de enseñar, estudiar y criar a mi hijo, estaba escribiendo una novela.

Me despertaba al alba y me iba a la cama después de medianoche. Cada hora se convirtió en una tarea para ser una madre, mujer y escritora "productiva". ¿Tenía la fuerza para mantenerme firme, dar fruto, doblarme, no quebrarme mientras me estiraba buscando el sol? Requería cada onza de esfuerzo.

Una tarde sofocante, el aire espeso y pesado, una tormenta se desata, con el viento aullando. Caía granizo del tamaño de canicas, golpeando contra el techo, una ocurrencia rara y perturbadora para nuestros veranos por lo general tranquilos. Me preocupan mis duraznos, que todavía no maduran lo suficiente para comerlos.

Cuando el cielo se despeja y salgo al jardín, hay docenas de duraznos en el suelo. Lamento la pérdida de la fruta, pero al juntarlos en una cubeta y echarlos al bote de la composta, me doy cuenta de que la Madre Naturaleza hizo lo que yo no pude. Eliminó el exceso de peso del árbol, y con ello, me quitó también un peso de encima. Fue entonces que sentí el rigor de mi avaricia por exigirle demasiado a mi árbol. Haber agobiado a una madre, haber explotado su fertilidad y su fecundidad, y haberla obligado a cargar con más de lo que podía.

A los treinta y dos me casé y me convertí en madre por segunda vez. Mi hija se subió a un avión conmigo por primera vez a los dos meses de nacida. El año anterior me había comprometido a ir a una conferencia en el Área de la Bahía de San Francisco. No podía dejar pasar la oportunidad. Me serviría para hacer contactos con miles de educadores que trabajaban con estudiantes de inglés, niños migrantes e hijos de inmigrantes. Era el lugar perfecto para ir a hablar de mi recién publicada novela y ponerlo en manos de esos maestros. Sabía muy bien que mi libro no tendría éxito por la gracia de Dios, mi editor y los medios.

Así que decidí volar con mi bebé acunada en mis brazos. Estaba lactando y no podía dejarla en casa. ¿Y qué iba a hacer mi marido con una bebé de dos meses? Ya estaría bastante ocupado con mi hijo de seis años. Al mismo tiempo, no sabía qué iba a hacer con mi bebé durante mi presentación.

A las únicas personas que conocía en la conferencia eran mis compañeros de panel, así que no les podía pedir que cuidaran a la bebé durante el evento. Mientras caminaba por la sala de exposiciones, buscando entre la multitud a alguien conocido, mi hija empezó a llorar. Sus alaridos resonaron por la sala. Una conferencia de maestros no era lugar para una bebé. Pero ¿qué más podía hacer? Una voz en mi cabeza me contestó: *Debiste quedarte en casa con tu bebé en lugar de tratar de promover tu libro. Qué mala madre eres.*

Por suerte, José-Luis Orozco vino a mi rescate. Tenía un estand para exhibir sus cancioneros para niños y CDs, un bienamado recurso para maestros. Los niños lo amaban. Nunca lo había conocido, pero era un hombre amigable. Tomó su guitarra y empezó a cantar "Juanito cuando baila". La sala de exposiciones se convirtió en su escenario. Al darle serenata a mi bebé, se volvió a dormir, arrullada por su hermosa música. Por un segundo consideré pedirle a José-Luis Orozco si podía cuidar a mi hija, pero al verlo rodeado de clientes, decidí que ya tenía las manos llenas con su estand. Además, ¿qué no lo acababa de conocer? Aun así, ya estaba desesperada.

Cuando me llevaban hacia la sala de presentaciones, me encontré con un rostro familiar: la maestra Winkler de la Preparatoria Santa Cruz. Diez años antes, durante mis estudios de licenciatura en la UCSC, les di un taller de creación literaria a sus alumnos de enseñanza de inglés. La reconocí al instante y le imploré que cuidara a mi hija durante mi presentación.

—Tengo una cita, pero puedo cuidarla veinte minutos —contestó, aceptando a mi hija dormida.

La presentación empezó, y mis compañeros autores tomaron turnos. El tiempo, como suele ser en tales situaciones, pasó rápido. Antes de que llegara mi turno, la señora Winkler me hizo señas desde la puerta; se tenía que ir. Rápidamente me excusé del escenario, le agradecí su asistencia y regresé al podio con Eva en los brazos.

Hice casi toda mi presentación con mi hija envuelta como un burrito; su cuerpecito era un peso cálido contra mi pecho, su aliento suave y acompasado contra mi cuello, el aroma a talco y leche mezclándose con el sudor nervioso de mis manos. Me sentí tan poco profesional. *¿Qué no estarán pensando los maestros? ¿Están juzgando mi decisión de arrastrar a mi bebé conmigo aquí cuando debería estar en casa, durmiendo profundamente en su cuna? ¿No me tomarán en serio?* Con Eva en mis brazos, hablé de mi libro, de mi viaje migratorio, el cual había inspirado la historia, y de mis experiencias como estudiante de inglés en las escuelas públicas de California. Al hablar, no dejaba de rezar porque mi bebé no se despertara.

Quizás arrullada por mi voz, durmió todo el evento, incluyendo la sesión de preguntas y respuestas, y cuando terminó la presentación, yo estaba física y emocionalmente drenada.

Al ir saliendo de la sala, una mujer se acercó a mí y se presentó:

—Soy de la ciudad de Watsonville. Estoy en el comité que elige el libro que se leerá en toda la ciudad, y estamos considerando tu novela. ¡Me da mucho gusto conocerte!

Estaba encantada con la noticia y le agradecí su consideración. Aun así, volví a casa de la conferencia con un peso encima: la sensación de que había dado prioridad a mi obra por encima de mis hijos. Pero meses más tarde, recibí la noticia de que el comité editorial de Watsonville había elegido *A través de mil montañas* para su programa. Además de comprar libros, me pagaron para visitar la zona. Esto despejó un poco la culpa que cargaba conmigo.

Encontrar un equilibrio entre nutrir mi escritura, cuidar a mis hijos y mantener un hogar feliz fue, y es, un reto constante. Hay días en que el peso de los trastes sucios y los correos que no he contestado amenaza con doblegarme, cuando la hoja en blanco de mi computadora me recuerda mi fallo para nutrir una historia hasta terminarla bien. La culpa, las dudas sobre mí misma, los cuestionamientos constantes —*¿Estoy haciendo lo suficiente? ¿Estoy dando lo suficiente? ¿Estoy produciendo lo suficiente?*— pueden ser abrumadores. Pero hay ocasiones en que pasan cosas buenas que alivian parte de la carga y hacen que sea más fácil aguantar el ritmo.

Después de un invierno bastante húmedo, en la primavera siguiente mi árbol de durazno está infectado con un hongo llamado *Taphrina deformans*, que hace que las hojas crezcan muy grandes y se hinchen, luego se enrosquen y se tuerzan. Arranco las hojas infectadas del árbol, pero son demasiadas, y pronto se marchitan y se caen solas, dejando las ramas casi desnudas. Los pocos duraznos bebé que brotan a duras penas se aferran a la vida. Mi árbol está enfermo y desgastado, pero sigue trabajando duro para producir y dar fruto. Para seguir adelante.

Mis cuarenta están marcados por una serie de problemas de salud que empeoran con la edad. Poco después de celebrar mi cumpleaños cuarenta, me diagnostican con queratocono, condición que hace que mis córneas pierdan su forma. Provoca una visión borrosa que los lentes no componen. Más adelante, mi vista se vuelve aún más borrosa, y empiezo a padecer resequedad ocular, un síntoma común de la menopausia.

Luego me diagnostican también con pérdida auditiva. Notaba que cada vez me costaba más trabajo entender las preguntas y los comentarios durante mis presentaciones. Varias veces tuve que pedirles a los asistentes que repitieran lo que habían dicho. Cuando veía televisión con mi esposo y mis hijos, me la pasaba preguntando, "¿Qué dijeron?". Poner subtítulos no ayuda mucho por mi vista tan debilitada.

A los cuarenta y cuatro, al bajarme del tren, me desgarré un ligamento de la rodilla derecha y tuve que usar muletas y luego hacer fisioterapia. Mi rodilla quedó débil, y a veces siento que está sujeta por un broche latonado de los que usan en los proyectos de arte en la primaria. A los cuarenta y seis me da ciática, lo cual dificulta que esté sentada durante largos periodos de tiempo. Mi cerebro empieza a asociar escribir con dolor físico. Cuando viajo para mis ponencias, soporto horas de molestia, amarrada a mi asiento de avión sin poderme mover. A veces no puedo dormir porque el dolor del nervio ciático irradia desde mis glúteos hasta mis pies.

Cuando mi productividad disminuye, culpo a mi cuerpo de mediana edad por traicionarme.

Estos cambios físicos están acompañados de una transición emocional y psicológica también, una sensación de pérdida y la necesidad de acoplarme, como mi árbol de durazno adaptándose a una nueva temporada.

Cuando me pegan periodos de depresión por mi salud, no puedo escribir en lo absoluto. Cubrir las necesidades de mis hijos y mi esposo, y trabajar duro para proveer para nuestro hogar, se siente abrumador. Pero durante ya demasiados años aprendí a medir mis días a partir de mi productividad, por lo mucho que logro hacer al final del día. Ahora, entre menos hago, más me siento como un fracaso. ¿Quién soy si no puedo producir? ¿Si no puedo crear? ¿Si no puedo dar frutos?

Los árboles no pueden sanar sus propias heridas de la forma que hacemos nosotros. No pueden regenerar ni reparar sus células. En cambio, hacen crecer madera encima de la herida para encapsularla, para aislar la lesión del resto del árbol. La herida no sana; queda sellada y contenida. Esto evita que los patógenos del área infectada provoquen más daño, protegiendo así al árbol. Pienso en ello cuando podo mi árbol de durazno. Cada corte lo deja vulnerable ante infecciones y descomposición, pero podarlo es esencial para su mantenimiento. Si se hace de la manera correcta, extiende su vida, lo ayuda a conservar recursos, le da una mejor forma y estructura y, sobre todo, fortalece su tronco. Todo esto conducirá a una fruta de mucho mejor sabor.

Al tiempo que mi árbol crece alrededor de sus heridas, sobreviviéndolas, pienso en mis propias heridas y cómo aprendí a compartimentar mi trauma, sellando esas heridas, pero sin que sanaran realmente. Como la mayoría, nunca superaré mi trauma, pero aprendí a vivir con él y adaptarme, a crecer alrededor del dolor.

Es primavera nuevamente y de mi árbol crecen nuevas hojas, dando inicio a un nuevo ciclo de fruto. En esta ocasión, protegeré mejor a este árbol madre y evitaré que acabe agotada. Cuando llegue el tiempo, saldré al jardín y ralearé sus ramas, sin remordimiento, sino con gratitud por la abundancia que ofrece. Aligeraré la carga, permitiéndole enfocarse en nutrir el fruto restante. Y cuando esos duraznos estén maduros, besados por el sol y nutridos por la tierra, estarán más dulces por el cuidado y la moderación que les permitió prosperar.

Me doy cuenta de que esta nueva etapa en mi vida, mi mediana edad, puede ser una oportunidad para una regeneración. Es hora de dejar ir la necesidad constante de demostrar mi valía, ser más consciente de los recursos de mi cuerpo y, en cambio, darle el cuidado y la ternura que necesita. Estoy aprendiendo a ralear mis propias ramas metafóricas, no con remordimiento, sino con comprensión, un enfoque más claro en lo que de verdad me nutre.

Mi cuerpo, marcado y distinto, es testamento de una vida vivida a plenitud y con valor. Al entrar en esta nueva etapa, mi cuerpo desvía la atención de la fertilidad a una sabiduría queda, una visión más clara y una fuerza más sutil.

Almanaque de una jardinera menopáusica

Edición #2: El lamento de la reina

—¿Cómo voy a saber si estoy entrando a la menopausia? —le pregunto a mi médico en mi revisión anual.

Uno de los indicadores de la menopausia es el periodo menstrual de la mujer. Se vuelve irregular y la ovulación cesa. El problema es que no he tenido un periodo en más de quince años. Cuando mi hija nació, me puse un DIU, lo cual detuvo mi ciclo menstrual por completo. A los cuarenta y seis, después de seguir reemplazando mi DIU cada cinco años, pienso que es una buena pregunta que hacerle a mi médico. Si no tengo periodo, ¿cómo diablos voy a saber si ya estoy menopáusica de verdad? ¿Y suprimir mi ciclo menstrual durante todos esos años vendrá a morderme en el útero?

Mi doctor es un hombre blanco y alto a mediados de sus sesenta. Me intimida su presencia, pero me obligo a expresar mis inquietudes sobre los cambios en mi cuerpo. Le cuento de las noches que despierto bañada en sudor. Al principio intenté darle un giro positivo a las sudoraciones nocturnas. *¡Ey, mi cuerpo quema calorías mientras duermo! ¿Qué tiene eso de malo?* La realidad es que despertar empapada e inquieta me alteraba. Es algo que me pasa fuera de mi control. También me he sentido más acalorada de lo normal, aunque bien podría no tratarse de bochornos. Siempre he sido una persona que desprende calor. A mi hija le encanta acurrucarse conmigo porque dice que soy "más calientita que mil soles".

Le digo al doctor que me duele la cadera, la rodilla me cruje, batallo con mi visión, mi audición, el reflujo, el túnel carpiano, la ciática y demás, pero al escucharme decir estas cosas, me preocupa sonar como una hipocondriaca. Me da demasiada vergüenza contarle otras cosas que me parecen muy personales como para compartir, por ejemplo, que si toso o estornudo, se me sale un poquito de pipí.

—Hagamos análisis —dice el doctor.

Al sentir el pinchazo del técnico del laboratorio y ver mi sangre brotar hacia los tubitos de las muestras, me invade el deseo de haber abogado por mí con más fuerza, de haber interrogado al médico sobre la menopausia y las mejores formas de navegarla. *Basado en mis síntomas, ¿cómo sé en qué etapa de la menopausia estoy? ¿Qué clase de cambios debo esperar? ¿Alguna señal de alarma de la que tenga que estar consciente? ¿Las sudoraciones nocturnas y sentirme más caliente de lo normal son consistentes con los bochornos relacionados con la menopausia? ¿Los dolores y molestias que siento (cadera, rodilla, etc.) podrían estar relacionados con cambios hormonales durante la menopausia? ¿Qué hay de mi visión y mi audición mermadas? ¿Cómo podrían estar conectados los síntomas?*

Un día, al volver de una conferencia en otra ciudad, hago mis rondas por el jardín y noto algo raro. Arriba del porche lateral, cerca del naranjo, veo abejas entrar y salir de una pequeña grieta en la madera. Le digo a mi esposo que debemos estar pendientes.

—Esas abejas se traen algo —le digo.

Unos días más tarde, miro por la puerta de vidrio del comedor y veo un enjambre de abejas volando del otro lado. Miles de ellas. Las oigo zumbar.

El enjambre

Casi puedo sentir las vibraciones. Lo único que se interpone entre esas abejas y yo es un panel de vidrio. Por un momento, deseo poder abrir la puerta y pararme ahí afuera, dejar que se posen en mí, darles la bienvenida a mi jardín. Pero no se pueden quedar. Eligieron el peor lugar para su casa: justo afuera de la puerta. Busco un apicultor que pueda venir por ellas.

Recibo un mensaje de mi médico sobre los análisis. Dice:

Los niveles hormonales sí confirman menopausia.

Supongo que es oficial entonces. El correo no dice nada más. Ninguna explicación sobre lo que indican los resultados de los análisis respecto a mis niveles hormonales y cómo se relacionan con mis síntomas. Nada sobre lo que se supone que debo hacer, cómo cuidarme o qué cambios debo imponer en mi estilo de vida para manejar mejor los síntomas. Nada sobre qué esperar conforme cambia mi cuerpo. Ningún recurso ni la recomendación de una cita de seguimiento. Quiero que me tranquilice. Siento que estoy a punto de emprender un viaje hacia un país desconocido donde tengo que aprender todo un vocabulario nuevo.

Encuentro un apicultor que hace retiros de abejas sin maltratarlas. Viene a evaluar qué tan grande es el panal, dónde podría estar la reina y cómo sacarla. Piensa que podría haber dejado la colmena para empezar una nueva. Esto despierta mi curiosidad.

—¿Por qué cree que lo hizo? —pregunto. ¿Qué factores provocarían su partida?

—Es probable que haya envejecido. La nueva reina la mataría si se quedara.

Pienso en la cita con mi médico, sentada en un laboratorio viendo cómo extraen mi sangre, un torrente de preguntas arremolinándose en mi mente. Esas mismas preguntas se me vienen a la mente al ver las abejas. ¿Soy una reina que envejeció?

Como mi nombre es Reyna, siento cierta conexión con cualquier cosa que tenga que ver con reinas. En este caso, me obsesiono con la vida secreta de las abejas reina, su poder vulnerable, el reto del envejecimiento y la amenaza de ser reemplazadas. Las abejas se convierten en una mejor metáfora para mi propio miedo.

En los artículos que leo, aprendo qué tan peligroso es el lugar de la abeja reina y cómo empeora con la edad, así como les pasa a las mujeres. Cuando la fertilidad de la abeja reina disminuye y su capacidad de poner huevos se ve comprometida, la colonia engendrará una nueva reina, que entonces podría picar a la vieja hasta matarla, a menos que escape, llevándose consigo a sus seguidores.

En ocasiones, es la colmena misma la que mata a la reina una vez que decide rechazarla y reemplazarla para asegurar la supervivencia de la colonia. Las abejas la rodean en masa. "Bola a la reina" es el término que utilizan los apicultores. Esta bola de abejas elevará la temperatura corporal de la reina hasta que se sobrecaliente y muera.

En otras palabras, le dan un bochorno letal.

El apicultor llega con una aspiradora para succionar las abejas.

—¡Las va a matar! —le digo, de pronto sintiéndome protectora de mi nueva colmena.

—No les haré daño —me promete.

La aspiradora está diseñada especialmente para guardar abejas en una cubeta, vivas y bien. Yo observo fascinada mientras él se sube a una escalera y empieza a echar humo.

Pronto enciende la aspiradora y, mientras veo a las abejas ser succionadas, una oleada de inesperada tristeza me embarga. No es solo por perder las abejas, sino por la incertidumbre que siento por mi propio cambio de rol. Como esa misma abeja reina desplazada por una nueva generación, ¿a mí también me empiezan a "remover" o reemplazar de alguna manera? No es solo sobre la naturaleza o mi jardín, sino sobre la naturaleza de ser una mujer surcando la mediana edad, un tiempo en que nuestro cuerpo cambia y las expectativas sociales nos hacen sentir que ya no somos necesarias de la misma manera.

—¿Está seguro de que estarán bien? —insisto.

Él me muestra la cubeta para que pueda ver que las abejas no están lastimadas ni muertas.

Cuando termina, se lleva mis abejas y a su reina para darles un nuevo hogar y me regala el pequeño panal como recuerdo.

En su poema "A los cincuenta me sorprende encontrarme en mi esplendor", Sandra Cisneros celebra el inicio de esta década como yo espero sentirme a esa edad, para la que no falta tanto. Escribe: "Soy veneciana, en esplendor decadente. / Soy magnífica sin medida".[1]

También me encanta la belleza evocadora de las ruinas. Y así como a Cisneros, me encantaría sentirme magnífica a los cincuenta. Abrazar los cambios que vienen con el tiempo. Envejecer con inteligencia, gracia y dignidad. Añoro una vida libre del aguijón del patriarcado. Cuando llegue el momento, espero tener el valor de emprender el vuelo y escapar antes de que me mate.

Estar enferma o físicamente lesionada es una sentencia de

muerte para la abeja reina. Los ácaros se pueden adherir a la reina y alimentarse con su sangre. Una infección fúngica o bacteriana puede conducir a deformidades en sus crías, o incluso a la muerte. Si se lesiona una de sus patas, ya no puede vagar con facilidad por el panal, cojeando mientras intenta poner huevos en las celdas. Al sobrevivir en un mundo donde se lleva una existencia peligrosa, una reina que no desempeña bien sus deberes podría ser una sentencia de muerte para la colonia.

La sustitución, el reemplazo, tiene lugar entonces.

Leer sobre la "sustitución" de la abeja reina toca un punto débil. Esa sensación de ser reemplazada, de ya no ser vista como esencial, hace eco de las ansiedades que tengo por entrar a la menopausia. De la misma manera que las abejas deciden cuándo se acaba el tiempo de su reina, ¿igual hace la sociedad, de cierta manera dictando cuándo termina el mejor momento de una mujer? Me hace preguntarme quién decide nuestra valía y cuándo.

Temo que no estoy haciendo un buen trabajo de vivir un "esplendor decadente". Mis cuarenta me han pateado el trasero en cuanto a salud, y me preocupa qué podrán traer mis cincuenta. Todos estos problemas de salud han provocado pánico, y no tengo la determinación para resistir los estándares de belleza y perfección irreales de la sociedad. Siento que me estoy viniendo abajo. Me preocupa estar en riesgo de ya no ser útil. ¿Estoy teniendo un bajo rendimiento? ¿Defraudaré a mi familia?

Cedo ante la presión de mantener a raya el envejecimiento. Aunque sea solo superficial, encuentro maneras de desacelerarlo. Uso henna para pintarme las canas. Compro cremas caras para el rostro y bloqueador solar. Hasta le di una oportunidad al Botox. Sentada en el consultorio de mi dermatólogo, encogiéndome de dolor cada vez que me inyecta la frente una y otra vez, pienso en las abejas matando a su reina vieja.

Y por un momento, siento que una parte de mí se está muriendo.

Las abejas reina rara vez pican a los humanos, reservando su veneno para otras abejas reina. Por lo general, cuando se encuentran, pelean hasta la muerte. Aun cuando la colonia engendre una nueva reina para reemplazar a la que ya envejeció, la primera en aparecer a menudo mata a sus rivales larvas. En el mundo humano, este comportamiento se ha retorcido en el llamado "síndrome de la abeja reina", un mito dañino de que las mujeres en posiciones de poder suprimen activamente a otras mujeres. Tal idea, perpetuada por el patriarcado para dividir y conquistar a las mujeres y enfrentarnos unas con otras, es una creencia peligrosa que promueve una mentalidad de escasez.

Mi trayecto desde ser una migrante indocumentada hasta convertirme en una universitaria graduada y luego en una escritora profesional ha estado definido por mujeres que me han impulsado, guiado y ayudado a remontar el vuelo. Estas mujeres rechazan activamente la narrativa patriarcal. Me muestran un camino diferente, uno donde las reinas nuevas y viejas no solo coexisten, sino que prosperan juntas. Me han mostrado que tengo en mí la capacidad de redefinir lo que significa "esplendor" en esta etapa de mi vida. Mi cuerpo contiene historias, y esas historias son invaluables.

Al cumplir cuarenta y ocho, busco un nuevo comienzo con un nuevo doctor. Es hora de dejar atrás esa figura masculina blanca imponente que siempre me hacía sentir que no podía expresar mis preocupaciones. Mi elección en esta ocasión es una mujer de color, alguien mayor que probablemente podría empatizar con mi viaje a través de la menopausia. Esta decisión me llena de esperanza ante la idea de que mis inquietudes futuras no serán recibidas con indiferencia, sino con comprensión y orientación. Que seré tratada como una persona completa, no solo como un cúmulo de cifras en un laboratorio. Sobre todo, que ya no sentiré que estoy siendo la reina del drama.

En lugar de temer esa "sustitución", elijo abrazar este nuevo capítulo como una poderosa evolución. No soy una abeja a la que vayan a expulsar, sino una mujer que da un paso hacia su fortaleza y su sabiduría. Mi envejecimiento no es un lamento, sino una celebración de la vida que he vivido y de la reina en que me he convertido por derecho propio.

Almanaque de una jardinera menopáusica

Edición #3: Es mi fiesta de babosas y lloraré si me da la gana

"Estoy deprimido, como se esperaría de una col infestada de babosas", escribió Samuel Beckett.[1] Sus palabras resuenan en mi mente en lo que asimilo la devastación de mi jardín, un testamento a mi tristeza plagado de babosas.

Los rastros de baba, los boquetes en mi kale y mis acelgas, las fresas destrozadas. Ver que los semilleros que germinaron ayer desaparecieron hoy, es suficiente para hacer llorar a cualquier jardinero. Desesperada por proteger mis plantas, me puse a investigar cómo deshacerme de estas criaturas pegajosas sin tener que usar pesticidas. Los métodos sugeridos son crueles, pero cuando nuestras plantas se ven amenazadas, los jardineros pueden ser brutalmente protectores, cortándolos a la mitad con tijeras, ahogándolos con agua jabonosa, rociándolos con amoniaco, echándoles sal, poniéndolas en un contenedor y metiéndolas al congelador. Ya que las babosas y los caracoles son caníbales, otra sugerencia es aplastarlos y dejar los cadáveres como trampa para atraer más a la matanza. Algunos jardineros prefieren erradicarlos con cerveza. Una muerte alcohólica, una última fiesta antes del sueño eterno.

Compro una caja de cerveza mexicana en Costco. Si la cerveza mexicana puede conquistar el mercado de Estados Unidos, quizás pueda ahogar unas cuantas babosas.

Botella de cerveza en mano, preparo mi bar para babosas y dejo los tazones en las mesas de cultivo y los lechos de flores y al pie de los árboles frutales, llenándolos hasta el borde con cerveza, y espero que comience la fiesta.

La fiesta de babosas de Reyna

Las babosas y los caracoles son hermafroditos, lo que significa que tienen la asombrosa capacidad de autofertilizarse, aunque prefieren no hacerlo para no debilitar su carga genética. De acuerdo con *Old Farmer's Almanac*, un jardín promedio puede tener más de quince mil de ellos. Al ser machos y hembras al mismo tiempo, su fertilidad no tiene límites: cada uno es capaz de poner huevos. Así que si *todos* son capaces de convertirse en mamás, ¿cuánta cerveza tendré que comprar? O mejor aún, ¿cuánto tiempo pasará antes de que *esta* mamá empiece a bebérsela en su frustración?

Entre las 10 p. m. y la medianoche, en lugar de acurrucarme con mi esposo en la cama, me armo con una linterna y un palo y recorro el jardín. Mis tazones de cerveza están rodeados de babosas y caracoles, que se la están pasando increíble en el aire frío de la noche. El truco con la cerveza es que los emborracha y se caen en el tazón y se ahogan. Pero para algunos, la cerveza no es tan efectiva. En lugar de esperar que se emborrachen lo suficiente como para caerse por su cuenta, uso el palo para ayudarlos a alcanzar su feliz muerte. Luego regreso a la cama, donde mi esposo está profundamente dormido. Me quedo despierta por horas, solo yo y mis sudoraciones nocturnas. Y tengo ganas de volver al jardín con las babosas y los caracoles y dejar que la húmeda brisa nocturna enfríe mi cuerpo pegajoso.

El caracol tiene una concha, lo que significa que lleva su casa a cuestas. Pero no nace con ella. Poco a poco la va construyendo con el calcio que encuentra en el suelo. Solo cuando su casa esté terminada, el caracol será lo suficientemente mayor como para empezar un romance.

Cuando conocí a mi esposo a los veintiocho, aunque yo tenía más "experiencia", estaba muy lejos de sentirme realizada o de sentirme libre en mi propio cuerpo.

La mayoría de mis parejas anteriores habían sido encuentros de una noche y amoríos fugaces. Uno de ellos fue, de hecho, sin mi consentimiento. Hombres que jugaron con mis sentimientos, me llevaron a la cama y se fueron. ¿Qué iba a aprender de eso? Rara vez tuve orgasmos. Estaba demasiado nerviosa o me sentía demasiado culpable para disfrutarlo. La realidad es que la mayoría de esos encuentros fueron resultado de mi trauma de la infancia. Al haber crecido con un padre alcohólico y físicamente abusivo que no estaba emocionalmente disponible, mi necesidad de cercanía y aprobación me obligaron a encontrar amor y atención en otra parte. ¿Aprendí a disfrutar el sexo a partir de esos encuentros con hombres que estaban reemplazando a mi padre? Creo que ocurrió lo contrario. Me sentía sucia cada vez que usaba mi cuerpo para comprar un poco de afecto.

Llevé la vergüenza y los remordimientos de mis encuentros sexuales pasados a mi relación con mi esposo, evitando que experimentara una intimidad profunda. No era capaz de sentirme en verdad cómoda con mi cuerpo, de ser honesta sobre mis necesidades, lo que me gustaba y lo que no. Quería ser una buena amante, que hacer el amor fuera satisfactorio para los dos, pero había desarrollado una relación complicada con mi sexualidad y me sentía impura, vulnerable y temerosa de no merecerlo.

Bajo la luz de la luna, me quedo cautivada observando los rituales de apareamiento de las babosas y los caracoles en el jardín: un baile de conexión lento y deliberado que se desenvuelve en el frío de la noche. Cuando están en celo, su rastro de baba libera feromonas que avisan a los que están buscando pareja. A las babosas excitadas solo les queda seguir la baba, y así comienza una seducción resbaladiza. Cuando dos amantes al fin se encuentran, el preámbulo amoroso puede durar horas. Se mordisquean y se menean, se muerden y se entrelazan. El suyo es un ritual de apareamiento de placer mutuo y reciprocidad, donde intercambian esperma con un compañero. Después de un encuentro nocturno, sintiéndose satisfechos por igual, ambos amantes se van cada uno por su lado y los dos se convierten en mamás.

En nuestros años de juventud hubo veces en que mi esposo me buscaba y yo estaba demasiado cansada y preocupada como para responder. Enseñar, arrear a los niños y llevarlos a sus actividades extracurriculares y sus citas con el doctor, cocinar, limpiar, atender el jardín y luego meter donde pudiera ese preciado tiempo para escribir, más la lectura ocasional y las presentaciones escolares me dejaba exhausta. Esas noches en que mi esposo me necesitaba, no tenía que exagerar cuando decía que estaba agotada. Llevar todo el peso de la casa y el cuidado de los hijos puede dejar a una mujer sin energía para la intimidad. A mí me daba mucha ansiedad, sentía que era un fracaso sexual. Vivía con el tormento de defraudar a mi esposo, temiendo que mi falta de deseo lo hiciera sentirse rechazado.

Esa sensación de no estar a la altura me ha perseguido hasta ahora, en la mediana edad. Mi complicada relación con el deseo y la angustia sexual se han vuelto más difíciles por los cambios provocados por el envejecimiento y la menopausia.

El dios griego de la fertilidad, Príapo, era protector de las plantas, los jardines y los penes. De acuerdo con el mito, cuando era bebé la diosa Hera lo maldijo con un pene grotescamente enorme, el cual, aunque en una erección permanente, sufría de impotencia. Quizás las babosas y los caracoles también provocaron la ira de Hera. En proporción, tienen el pene más grande en relación con su cuerpo del reino animal —su pene es tan largo como su cuerpo—, pero a diferencia de Príapo, no tienen ningún problema para usarlo.

A veces, después de copular, si tienen problemas para zafarse de su viscoso abrazo, una babosa le arrancará a mordidas el pene a su pareja, o se arrancará el suyo. Esto se llama apofalación. La babosa amputada pasa el resto de sus días como hembra. Lo cual la vuelve más vulnerable a depredadores e infecciones.

La mascota de mi alma mater, UC Santa Cruz, es la babosa plátano. El campus está rodeado por un bosque de secuoyas, hábitat de las *Ariolimax californicus*. Los estudiantes estamos orgullosos de ser "babosas" y celebramos lo distintivo de nuestra mascota. El verano antes de mi último año, me emborraché con otros dos de mis compañeros "babosas". Yo no aguantaba mucho el alcohol y me quedé dormida después de unas cuantas cervezas. Me desperté a la mitad de la noche y vi a uno de mis amigos encima de mí, adentro de mí. Cerré los ojos y me obligué a dormir de nuevo. Quería fingir que esto no me estaba pasando. Después, nunca lo llamé violación. Lo consideré una estupidez de mi parte. No lo culpé a él. Me culpé a mí. *Al beber con él, ¿no había incitado la agresión?*

Ahora pienso que lo hubiera convertido en una babosa apofalatada. Ojalá me hubiera liberado a mí misma de la cultura patriarcal de culpar a la víctima que me hizo creer que era mi culpa.

La baba es el arma secreta de las babosas y los caracoles. Les ayuda a disuadir depredadores y protege su piel carnosa de la desecación, manteniéndola húmeda y flexible. Pero más que nada, la baba de las babosas y los caracoles es la superficie sobre la que se arrastran por el suelo, protegiendo su cuerpo suave y vulnerable de las cosas afiladas, haciendo que sean capaces de arrastrarse sin daño alguno sobre un alambre de púas.

Últimamente, he notado que, cuando mi esposo y yo hacemos el amor, mi vagina está cada vez más reseca, y eso hace que el sexo a veces sea doloroso. Es un cambio más que se da en el cuerpo de la mujer debido a la menopausia. Producimos menos estrógeno, lo que se traduce en una reducción de secreción vaginal, es decir, la vagina no se lubrica adecuadamente.

En otras palabras, la menopausia está haciendo que mi vagina se sienta como una babosa reseca por el sol.

Aunque muchas mujeres sentimos que el deseo sexual disminuye al llegar a la mediana edad, descubrí un hecho sorprendente en mi investigación: entre menos activa sexualmente sea una mujer durante la menopausia, más probable es que su vagina sufra cambios físicos, acortándose, adelgazándose y volviéndose menos elástica. Para prevenir la atrofia vaginal y la resequedad, se recomienda seguir teniendo sexo con regularidad para mantener nuestras vaginas gruesas, flexibles y húmedas.

Así que es cuestión de "usarla o perderla".

Se me ocurre que mi cacería nocturna de babosas podría estar afectando seriamente mi salud vaginal.

Las babosas y los caracoles no son los únicos que disfrutan de su baba. Un componente en sus secreciones es la mucina, que contienen alantoína, ácido glicólico, ácido hialurónico y péptidos, ingredientes utilizados en la industria del cuidado de la piel. La mucina es la nueva tendencia en belleza, con empresas que crean productos "milagrosos" con baba de caracol: mascarillas, jabones, cremas y sueros. Se dice que la mucina mejora la hidratación, incrementa la producción de colágeno y rejuvenece las células de la piel. En sus reseñas, los devotos de la mucina de caracol se deshacen en elogios por cómo les brilla la piel.

Cuando me miro en el espejo y veo las líneas de expresión, las arrugas y las manchas de la edad en mi rostro, me pregunto si ya es momento de quitar los tazones de cerveza. En lugar de que estén arrastrándose por todo mi jardín, ¿debería invitar a mis babosas y caracoles a que se arrastren por toda mi cara?

Ahora que les decimos adiós a nuestros cuarenta, noto que mi esposo y yo estamos viviendo los cambios físicos que vienen con la edad. Buscarnos ahora se siente a veces distinto. Al navegar juntos la menopausia y la andropausia, estamos aprendiendo a adaptarnos a estos nuevos niveles de energía y deseos que ya no son los mismos. Me da paz saber que no estoy sola en esto de los cambios hormonales, la disminución de la libido y la fatiga persistente. Sorprendentemente, la menopausia me ha obligado a enfrentar esas inhibiciones y esos traumas sexuales que estuvieron enterrados por mucho tiempo. Me ha impulsado a ser más honesta con mi esposo sobre mis necesidades, a buscar nuevas formas de conectar y a redefinir lo que significa la intimidad tanto dentro como fuera de la recámara.

Mi vagina, alguna vez un lugar de vergüenza ignorada por demasiado tiempo, ahora exige atención y cuidado. ¡Nunca había tenido que trabajar tan duro para mantenerla feliz! Por supuesto, una buena botella de lubricante también ayudará.

Tal vez el lado bueno de estos tiempos desafiantes sea la creciente empatía que mi esposo y yo sentimos por el otro mientras buscamos ser más amables y apoyarnos mejor, encontrando en la vulnerabilidad una nueva forma de estar juntos.

Así que, abandono mi ronda nocturna por el jardín y guardo los tazones de cerveza, reflexiono sobre las lecciones de tenacidad que me dieron mis babosas, sus extraños rituales y esa capacidad de dejar siempre un rastro que las proteja. Después de veinte años juntos, mientras mi esposo y yo atravesamos esta nueva etapa de nuestra vida, nosotros también podríamos, igual que esas babosas de jardín, encontrar formas de adaptarnos, de cuidarnos uno al otro y de crear nuestro propio camino reluciente hacia el futuro.

Alas de mariposa y cosas rotas

Eva en nuestro jardín de mariposas

La migración es un instinto de supervivencia que empuja a las mariposas monarca a realizar un viaje imposible de tres mil millas, desde Canadá hasta México, enfrentando tormentas, depredadores y la falta de alimento. Su viaje a través de varias generaciones es la prueba de que la búsqueda de un refugio y la promesa de un futuro mejor es algo que nunca termina.

No es de sorprender, entonces, que las monarcas se hayan convertido en un símbolo de inmigrantes indocumentados. El viaje de la mariposa refleja una verdad universal: la migración es una necesidad natural, no un crimen. Tanto para la monarca en busca de refugio como para los millones de personas, incluyéndome a mí, que fuimos obligados a abandonar nuestras patrias, el viaje es, por encima de todo, un acto de supervivencia.

Mientras vivía en Los Ángeles, planté un jardín de mariposas lleno de algodoncillo, la única planta hospedera para los huevecillos de las monarcas y una fuente vital de néctar. Fue una pequeña forma de ofrecerles refugio. Compartí mi amor por la jardinería con mi hija, Eva, que tenía seis años en aquel entonces.

Cada vez que una mariposa visitaba nuestro jardín, Eva soltaba un grito de emoción.

—Mira. ¡Están poniendo huevos en el algodoncillo que plantamos para ellas! —le decía.

Al deshierbar o plantar bulbos, le contaba de la difícil situación de la monarca. Cómo su población se desplomó de mil millones a solo una fracción en veinte años. Hablamos de pesticidas, de pérdida de hábitat y de los bosques desapareciendo.

—Tenemos que hacer algo —digo.

Eva jura que cuando sea grande va a ser entomóloga.

—¡Yo salvaré a las monarcas!

Su misión empezó en nuestro jardín trasero.

Después de mirar un documental sobre mariposas y quedar impactados al ver como una araña se comía a las orugas, Eva decidió que protegería a las de nuestro jardín de cualquier depredador. Empezamos recolectando las hojas de algodoncillo que tenían huevitos y las pusimos en contenedores, a salvo de las avispas, arañas y mantis que viven en el jardín. Una vez que las orugas crecían, las transferíamos a un hábitat para mariposas. Ahí veíamos desenvolverse la magia: las orugas de rayas amarillas, negras y blancas se transformaban en brillantes crisálidas verde esmeralda con puntitos dorados.

Eva llevaba un diario y anotaba cada detalle, así fue aprendiendo a predecir la emergencia de las mariposas. A lo largo de los siguientes diez días, vimos las crisálidas volverse transparentes, revelando las mariposas negras y naranjas acunadas en el interior. Liberamos a las mariposas nuevas en el jardín el mismo día que nacieron, tan pronto como sus alas estuvieron secas por completo. Para Eva, cada mariposa era una niña y las nombró a todas.

Les decíamos adiós y les deseábamos buen viaje.

—Adiós, Perla. Adiós, Aurora. Vengan a visitarnos pronto.

En aquel entonces, Eva era demasiado pequeña para que yo le contara la historia completa de la migración humana. Los sacrificios, las penas, el precio que pagan las almas obligadas a abandonar sus patrias. No podía explicar todavía un mundo donde la gente vulnerable es desplazada por la guerra, el crimen organizado, la pobreza, la escasez de recursos y el cambio climático. Un día le contaría mi propia historia. La gratitud por el santuario que yo encontré en este país, donde mi familia y yo logramos reconstruir nuestras vidas. Por los maestros y amigos cuya bondad me permitió prosperar y alcanzar mis sueños. Pero también le contaría de mi creciente miedo cuando las cosas empeoraron. El sentimiento antinmigrante en ascenso. La presión por criminalizar la migración misma. Las deportaciones en masa. El odio y la retórica que engendran grupos parapoliciales y extremistas que cazan personas como nosotros. Le explicaría cómo este país se está volviendo un ambiente más y más hostil, sin importar qué tanto intentemos impedirlo, las semillas del odio y el racismo siempre germinan de nuevo.

Por ahora, simplemente disfruto este momento: ser testigo con mi hija del milagro de la vida y proveer un espacio seguro para estas hermosas criaturas. Y por lo menos Eva está aprendiendo a observar que, hasta en el jardín más hermoso, siempre existe el riesgo de toparse con depredadores.

Un día de septiembre, una de las orugas no logró sujetarse bien al techo del hábitat para mariposas. La crisálida se cayó a la mitad de la formación de la pupa y, cuando la encontramos, tenía un costado aplastado. Mi hija y yo usamos cinta adhesiva para colgar el capullo con mucho cuidado, pero cuando la monarca emergió de la crisálida y desplegó sus delicadas alas para secarse, no había duda de que sus dos alas derechas eran más cortas que las izquierdas.

—No podemos dejarla ir —le digo a Eva—. No podrá volar.

Una monarca sana tenía un camino difícil frente a ella en la pelea por su vida. Una monarca que no podía volar estaba condenada. Pensé en los seres humanos que toman medidas desesperadas para cruzar la frontera, poniéndose en riesgo de lesiones o quedando vulnerables a la hipotermia, la deshidratación, el ahogamiento, los depredadores. Para los inmigrantes, la diferencia entre la vida y la muerte, el éxito o el fracaso, a menudo es tan frágil como las alas de una mariposa.

Así como el viaje de una mariposa está lleno de peligros, lo mismo sucede con el del migrante: cada paso es un riesgo, cada decisión puede alterar su vida.

—Yo le enseñaré a Buttercup a volar —declaró Eva.

Todos los días sacaba a Buttercup al jardín y la dejaba en el arbusto de las mariposas para que bebiera néctar y disfrutara del sol. La sentaba en su dedo índice y lo subía y bajaba para que el viento pasara por debajo de las alas de Buttercup. La mariposa despegaba en el aire, solo para caer segundos después. Eva la recogía del pasto y lo intentaba de nuevo.

Durante varios días, Eva dejó rebanadas frescas de naranja para la mariposa. Cuando el sol calentaba el jardín, Eva la sacaba para que comiera el dulce néctar y la animaba con delicadeza a extender sus alas.

Me dolía el corazón por la mariposa, pero aún más por Eva. Al verlas por la ventana, noté la decepción en sus ojos y me pregunté cómo prepararía a mi hija para lo inevitable.

Al ver a mi hija pelear junto con Buttercup, no podía evitar ver un reflejo de mi propia vida. Así como la mariposa, yo también había nacido para luchar. Mi viaje de migración estuvo plagado de obstáculos y desventajas. Como niña inmigrante indocumentada, nacida en una ciudad asolada por la pobreza, escapar de mi destino parecía imposible. Pero lo logré. Tal como una monarca sana deja su hogar para darles a sus hijos una oportunidad, yo dejé mi país, arriesgando la vida al cruzar la frontera y convertí lo imposible en realidad. Pasé de ser una inmigrante indocumentada a ser una mujer que no solo cumplió sus sueños, sino que es madre de dos hijos que hoy conocen la alegría, tienen una infancia sin preocupaciones y pueden vivir su vida al máximo.

Mi migración, mi búsqueda de una vida mejor, fue el escudo que protegió a mis hijos del trauma que yo conocí. Porque yo crucé una frontera, ellos nunca tendrían que hacerlo. Ellos tienen un hogar, estabilidad, seguridad. Mis hijos nunca sabrán lo que duele que te llamen criminal por buscar un futuro, ni cargarán con el estigma de ser indocumentados, ni se cuestionarán si pertenecen a este país.

Al ver a mi hija compartir la lucha de Buttercup y aprender sobre perseverancia, fe, gentileza y compasión, una parte de mí deseaba que su amor fuera la magia necesaria para que la mariposa pudiera volar. Pero yo sabía que no era real. La verdad es que, a veces, nuestras alas no son suficiente para cargarnos a través de las distancias que soñamos recorrer.

Unos días más tarde, desde la ventana de la sala, observaba a mi hija en su rutina de siempre.

Y entonces ocurrió el milagro.

Cuando Eva dejó a Buttercup en su dedo y levantó la mano hacia el sol, la mariposa aleteó y despegó. Yo esperaba que se cayera de nuevo, pero esta vez no fue así. Voló por todo el jardín y pasó por encima de la barda del vecino, luego subió hacia el inmenso cielo azul, cada aleteo era un testamento de su resiliencia.

Corrí afuera y vi cómo Buttercup desaparecía. El rostro de Eva estaba lleno de triunfo y orgullo.

—¡Lo hizo! —dijo Eva—. ¡Voló!

—Sí, lo hizo —dije—. Realmente lo logró.

No sé dónde terminó Buttercup, pero mi hija cree que su mariposa desafió a su destino y tuvo una vida plena. Ese día, Eva fue testigo de algo profundo, algo que ojalá se quede con ella para siempre.

Con un poco de ayuda, podemos superar las circunstancias en las que nacemos. Podemos encontrar la fuerza para sobrevivir. Y podemos aprender a volar.

Gratitud

Aunque solo mi nombre aparece en la portada, este libro está lejos de ser una creación en solitario. Puedo ser su madre, pero sin duda se necesitó una tribu entera para traerlo al mundo.

En primer lugar, quiero agradecer a mi esposo, Cory Rayala. Gracias por tu firme dedicación, no solo a este proyecto, sino a mi vida como escritora. Has estado a mi lado desde el principio de mi carrera, hace más de veinte años. Me siento tan agradecida de que hayamos criado juntos a nuestros hijos humanos y a nuestros hijos literarios. Y hablando de nuestros hijos: gracias, Nathan y Eva, por hacer espacio para mi obra, por permitirme invitar a los lectores a nuestra vida y por el privilegio más grande de todos... ser su mamá.

Estoy profundamente agradecida con mi agente, Johanna Castillo, mi editora, Michelle Herrera Mulligan, y con el equipo entero de Atria Books y Primero Sueño Press. Un agradecimiento especial a Norma Pérez Hernández, Yezanira Venecia, María Mann y Adrián Villarreal por su ardua labor al volver este libro realidad. Gracias inmensas al departamento de arte por su maravillosa portada. ¡Me la quiero tatuar en el brazo para poder verla siempre! En cuanto a la traducción al español, quisiera agradecer a Rita Jaramillo de Penguin Random House Grupo Editorial por llevar este libro a mis lectores hispanohablantes, y a María Laura Paz Abasolo por su hermosa traducción.

A los amigos y colegas cuya generosa retroalimentación moldeó estas páginas: Stephanie Elizondo Griest, Julissa Arce, Jean

Guerrero, Bonnie Hearn-Hill, Leslie Schwartz, Jessica Garrison, Ruth Behar, Norma Cantú, Yaccaira Salvatierra, Macarena Hernández y Natalia Treviño, mil gracias.

Mi más sincero agradecimiento también a mis mentoras y eternas maestras, Micah Perks y Diana Savas.

Gracias a Sandra Cisneros y al Taller de Escritores Macondo por el espacio vital que han creado. Gracias al Retiro para Escritores Rowland, por proveer un hermoso y apacible santuario, alimentos que no tenía que cocinar y una comunidad reparadora.

Por último, a mis lectores: gracias por apoyar mi obra e inspirarme a seguir construyendo puentes a través de las historias. Ustedes me dan las fuerzas para seguir adelante.

Fuentes

Los siguientes ensayos aparecieron antes en otras publicaciones, aunque se han revisado y actualizado de su formato original, y en algunos casos se renombraron para incluirlos en esta colección de ensayos.

"Juana la Mexicana" se publicó originalmente como "My Mother's California" en *Freeman's: California*, John Freeman (ed.), Grove Press, 2019.

"Remendar mi lengua materna": una versión de este ensayo se publicó como "Losing My Mother Tongue", *Nepantla Familias: An Anthology of Mexican-American Literature on Families in Between Worlds*, Colección Literaria Wittliff, Sergio Troncoso (ed.), Texas A&M University Press, 2021.

"Un vuelo para recordar" se publicó originalmente como "Into a Crueler America: Two Border Crossings, 30 Years Apart", en LitHub.com, 14 de enero de 2019.

"En busca de la casa de Hidra": una versión de este ensayo se publicó originalmente como "My Teacher, My Friend", en *Count on Me: Tales of Sisterhood and Fierce Friendships*, Adriana V. López (ed.), Atria, 2012.

"Me explico": una versión de este ensayo se publicó originalmente como "Speak Your Truth, Send a Message", en LatinoRebels.com, 4 de noviembre de 2018.

"La jaula de oro" se publicó originalmente como "Not So Sweet Valley", en *Somewhere We Are Human: Authentic Voices of Migration, Survival, and New Beginnings*, Reyna Grande y Sonia Guiñansaca (eds.), HarperVia, 2022.

"Almanaque de una jardinera menopáusica" se publicó antes en *The Big M*, Lidia Yuknavitch (ed.), Grand Central, 2026.

"Alas de mariposa y cosas rotas" se publicó originalmente como "A Migrant's Story", en *Love Can Be: A Literary Collection About Our Animals*, Louisa McCune y Teresa Miller (eds.), Fundación Kirkpatrick, 2018.

Notas

La reina de la miseria

1. Viet Thanh Nguyen, *A Man of Two Faces: A Memoir, a History, a Memorial*, Grove Press, 2023, p. 39.
2. Nguyen, *A Man of Two Faces*, p. 48.
3. James Baldwin, "Autobiographical Notes", en *Notes of a Native Son*, Beacon Press, 2012, p. 7.
4. Bessel A. van der Kolk, *El cuerpo lleva la cuenta. Cerebro, mente y cuerpo en la superación del trauma*, Penguin Books, 2014, p. 32.
5. Victoria Chang, *Dear Memory: Letters on Writing, Silence, and Grief*, Milkweed Editions, 2021, p. 140.
6. Melissa Febos, *Body Work: The Radical Power of Personal Narrative*, Catapult, 2022, p. 5.
7. Ocean Vuong, *En la Tierra somos fugazmente grandiosos*, Penguin Press, 2019, p. 122.
8. Vuong, *En la Tierra somos fugazmente grandiosos*, p. 181.
9. Sherman Alexie, "Leaving the Reservation of My Mind", en *Light the Dark: Writers on Creativity, Inspiration, and the Artistic Process*, Joe Fassler (ed.), Penguin Books, 2017, p. 11.
10. Caroline Harting, "How Can We Break the Cycle of Focusing on Negative Experiences?", Columbia News, 9 de marzo de 2022, https://news.columbia.edu/news/how-can-we-break-cycle-focusing-negative-experiences.

Juana la Mexicana

1. Prisca Dorcas Mojica Rodríguez, *For Brown Girls with Sharp Edges and Tender Hearts: A Love Letter to Women of Color*, Seal Press, 2021, p. ix.

Remendar mi lengua materna

1. Nguyen, *A Man of Two Faces*, p. 260.
2. Julissa Arce, *You Sound Like a White Girl: The Case for Rejecting Assimilation*, Flatiron, 2022, p. 79.
3. De acuerdo con el Departamento de Estado de los Estados Unidos: 1.5 millones de ciudadanos estadounidenses viven en México, y México es el destino turístico principal para viajeros de Estados Unidos, https://www.state.gov/countries-areas/mexico/.

Hasta aquí y nada más

1. Anne Lamott, *Pájaro a pájaro. Algunas instrucciones para escribir y para vivir*, Anchor Books, 1995, p. 201.
2. Kavita Das, *Craft and Conscience: How to Write About Social Issues*, Beacon Press, 2022, p. 24.
3. Van der Kolk, *El cuerpo lleva la cuenta*, p. 43.
4. Febos, *Body Work*, pp. 18-19.
5. Chang, *Dear Memory*, p. 26.
6. Cathy Caruth, *Unclaimed Experience: Trauma, Narrative, and History*, The Johns Hopkins University Press, 2016, p. 8.
7. Amy Tan, *En contra del destino*, G. P. Putnam's Sons, 2003, p. 109.
8. Gore Vidal, *Una memoria*, Vintage International, 1996, p. 5.
9. Lamott, *Pájaro a pájaro*, p. 203.

10. Anne Lamott, www.goodreads.com/quotes/636751-you-own-everything-that-happened-to-you-tell-your-stories.
11. Febos, *Body Work*, pp. 84-85.

Mestiza

1. Rodríguez, *For Brown Girls with Sharp Edges*, p. 35.
2. Arce, *You Sound Like a White Girl*, p. 117.
3. Rodríguez, *For Brown Girls with Sharp Edges*, p. 45.
4. Nguyen, *A Man of Two Faces*, p. 94.
5. Chang, *Dear Memory*, p. 119.
6. Viet Thanh Nguyen, *El simpatizante*, Grove Press, 2015, p. 139.

In-Iguala-ble

1. Red Universitaria para los Derechos Humanos, https://www.humanrightsnetwork.org/blog/december-2024-human-rights-newsletter-major-report-on-mexico-disappearances-amp-more-from-the-university-network.
2. Chang, *Dear Memory*, p. 27.
3. "Mexico's top court orders release of 43 missing Ayotzinapa students case file", CBC Lite, https://www.cbc.ca/lite/story/1.7571218.
4. Cooperación de Seguridad entre México y Estados Unidos: desde la Iniciativa de Mérida hasta el Marco del Bicentenario, https://crsreports.congress.gov.

Historia de terror

1. Audre Lorde, "Usos de la ira: Las mujeres responden al racismo", en *La hermana, la extranjera. Artículos y conferencias*, Crossing Press, 2007, p. 132.

2. Andrew Leland, *The Country of the Blind: A Memoir at the End of Sight*, Penguin Press, 2023, p. xxii.
3. Héctor Tobar, *Nuestras almas migrantes. Una reflexión sobre la raza y los significados y mitos de lo latino*, MCD, 2023, p. 56.
4. Ralph Ellison, *El hombre invisible*, 2a ed., Vintage International, 1995, p. 3.
5. Robin DiAngelo, *Fragilidad blanca. Por qué es tan difícil para los blancos hablar de racismo*, Beacon Press, 2018, p. 42.
6. Gloria Anzaldúa, *Borderlands/La frontera. La nueva mestiza*, 5a ed., Aunt Lute Books, 2022, p. 86.

El diccionario de la muerte de un padre

1. Galit Atlas, *Herencia emocional. Curar el legado del trauma*, Little, Brown Spark, 2022, p. 220.

En busca de la casa de Hidra

1. Sandra Cisneros, "La casa de Hidra", en *Una casa propia. Historias de mi vida*, Alfred A. Knopf, 2015, p. 13.
2. Cisneros, "La casa de Hidra", p. 17.
3. Sandra Cisneros, *La casa en Mango Street*, Vintage Español, 2022, p. 118-119.
4. Cisneros, "La casa de Hidra," p. 27.
5. Cisneros, *La casa en Mango Street*, p. 83.

Ahórrate la chancla y perdona al niño

1. José Olivares, "Boy & the Belt", en *Citizen Illegal*, Haymarket Books, 2018, p. 9.

Me explico

1. Van der Kolk, *El cuerpo lleva la cuenta*, p. 87.
2. Van der Kolk, *El cuerpo lleva la cuenta*, p. 16.

La jaula de oro

1. Sherman Alexie, "Leaving the Reservation of My Mind", p. 12.
2. Baldwin, *Notes of a Native Son*, p. 19.

La labor de una escritora

1. Lamott, *Pájaro a pájaro*, p. 203.
2. https://www.elle.com/culture/books/g45483773/best-latinx-books/.
3. https://publishingperspectives.com/2024/02/diversity-in-us-publishing-the-new-lee-low-report/.
4. Tan, *En contra del destino*, p. 324.

Hacia la frontera

1. Tobar, *Nuestras almas migrantes*, p. 17.
2. Tobar, *Nuestras almas migrantes*, p. 37.
3. Margaret Regan, *The Death of Josseline: Immigration Stories from the Arizona-Mexico Borderlands*, Beacon Press, 2010, p. 65.
4. Anzaldúa, *Borderlands/La Frontera*, p. 16.
5. Matthew Dessem, "*The Daily Show* Found Video of Trump Urging Students to Never, Ever Let a Wall Stop Them", Slate, 9 de enero de 2019, https://slate.com/culture/2019/01/trevor-noah-trump-commencement-address-daily-show-walls.html.

La hija de la escritora

1. Tan, *En contra del destino*, p. 103.

Almanaque de una jardinera menopáusica

Edición #1: No todo es estupendo

1. Sandra Cisneros, "A los cincuenta me sorprende encontrarme en mi esplendor", en *Mujer sin vergüenza*, Alfred A. Knopf, 2022, p. 10.

Edición #2: El lamento de la reina

1. Cisneros, "A los cincuenta me sorprende encontrarme en mi esplendor", p. 11.

Edición #3: Es mi fiesta de babosas y lloraré si me da la gana

1. Esta cita de Samuel Beckett se atribuye a sus cartas, en específico a una carta que le escribió a su amigo Thomas McGreevy.